FABLES CHOISIES
DE FLORIAN

SUIVIES

DE FABLES DE FÉNELON, DE LAMOTHE

ET DE DIVERS AUTEURS

TOURS

ALFRED MAME ET FILS

ÉDITEURS

FABLES DE FLORIAN

4e SÉRIE IN-12

PROPRIÉTÉ DES ÉDITEURS

LES DEUX CHAUVES

FABLES CHOISIES

DE FLORIAN

SUIVIES

DE FABLES DE FÉNELON, DE LAMOTHE

ET DE DIVERS AUTEURS

TOURS

ALFRED MAME ET FILS, ÉDITEURS

—

1883

NOTICE SUR FLORIAN

Jean-Pierre Claris de Florian naquit au château de Florian, dans les Cévennes, le 6 mars 1755. A l'âge de quinze ans il fut admis parmi les pages du duc de Penthièvre, qu'il quitta pour entrer dans le corps de l'artillerie. Il fut nommé, par l'influence de son protecteur, lieutenant, puis capitaine dans le régiment de dragons de Penthièvre. Enfin dispensé du service au corps, et devenu gentilhomme ordinaire du duc, il se livra tout entier à la culture des lettres.

Il a laissé des pastorales, quelques pièces de théâtre et d'autres productions diverses qui lui auraient à peine fait un nom sans ses *Fables*. Celles-ci, bien qu'elles soient parfois ingénieuses à l'excès, et animées d'un esprit frondeur auquel la prétendue philosophie du xviiie siècle n'est pas étrangère, sont dignes, pour la plupart, d'un renom durable. Entre tous les fabulistes, c'est Florian qui a le plus approché de la Fontaine.

L'aimable poëte fut banni, en 1793, par le décret qui défendit aux nobles de résider à Paris; puis on le jeta dans la prison de la Bourbe. Il fut délivré le 9 thermidor, mais ne fit plus que languir, et mourut le 13 septembre 1794, à l'âge de trente-neuf ans.

FABLES CHOISIES
DE FLORIAN

LA FABLE ET LA VÉRITÉ

La Vérité toute nue
Sortit un jour de son puits.
Ses attraits par le temps étaient un peu détruits
Jeunes et vieux fuyaient sa vue.
La pauvre Vérité restait là morfondue,
Sans trouver un asile où pouvoir habiter.
A ses yeux vient se présenter
La Fable richement vêtue,
Portant plumes et diamants,
La plupart faux, mais très brillants.
« Eh ! vous voilà ! bonjour, dit-elle :
Que faites-vous ici seule sur un chemin ? »
La Vérité répond : « Vous le voyez, je gèle.
Aux passants je demande en vain
De me donner une retraite,
Je leur fais peur à tous. Hélas ! je le vois bien,
Vieille femme n'obtient plus rien. —
Vous êtes pourtant ma cadette,

Dit la Fable, et, sans vanité,
Partout je suis fort bien reçue.
Mais aussi, dame Vérité,
Pourquoi vous montrer toute nue?
Cela n'est pas adroit. Tenez, arrangeons-nous;
   Qu'un même intérêt nous rassemble.
Venez sous mon manteau, nous marcherons ensemble.
   Chez le sage, à cause de vous,
   Je ne serai point rebutée;
   A cause de moi, chez les fous,
   Vous ne serez point maltraitée.
Servant par ce moyen chacun selon son goût,
Grâce à votre raison et grâce à ma folie,
   Vous verrez, ma sœur, que partout
   Nous passerons de compagnie. »

LE BŒUF, LE CHEVAL ET L'ANE

Un bœuf, un baudet, un cheval,
Se disputaient la préséance.
Un baudet! direz-vous, tant d'orgueil lui sied mal.
A qui l'orgueil sied-il? Et qui de nous ne pense
Valoir ceux que le rang, les talents, la naissance,
   Élèvent au-dessus de nous?
   Le bœuf, d'un ton modeste et doux,
   Alléguait ses nombreux services,
   Sa force, sa docilité;
Le coursier, sa valeur, ses nobles exercices;
   Et l'âne, son utilité.

« Prenons, dit le cheval, les hommes pour arbitres :
En voici venir trois, exposons-leur nos titres.
Si deux sont d'un avis, le procès est jugé. »
Les trois hommes venus, notre bœuf est chargé
D'être le rapporteur ; il explique l'affaire,
    Et demande le jugement.
Un des juges choisis, maquignon bas-normand,
    Crie aussitôt : « La chose est claire,
Le cheval a gagné. — Non pas, mon cher confrère,
Dit le second jugeur, c'était un gros meunier ;
    L'âne doit marcher le premier :
Tout autre avis serait d'une injustice extrême. —
    Oh ! que nenni, dit le troisième,
Fermier de sa paroisse et riche laboureur :
    Au bœuf appartient cet honneur. —
Quoi ! reprend le coursier écumant de colère,
Votre avis n'est dicté que par votre intérêt ! —
Eh ! mais, dit le Normand, par qui donc, s'il vous plaît ?
    N'est-ce pas le code ordinaire ? »

LES DEUX VOYAGEURS

Le compère Thomas et son ami Lubin
Allaient à pied tous deux à la ville prochaine.
    Thomas trouve sur son chemin
    Une bourse de louis pleine ;
Il l'empoche aussitôt. Lubin, d'un air content,
    Lui dit : « Pour nous la bonne aubaine ! —
    Non, répond Thomas froidement,

Pour nous n'est pas bien dit ; *pour moi*, c'est différent. »
Lubin ne souffle plus ; mais, en quittant la plaine,
Ils trouvent des voleurs cachés au bois voisin.
    Thomas tremblant, et non sans cause,
Dit : « Nous sommes perdus ! — Non, lui répond Lubin,
Nous n'est pas le vrai mot ; mais *toi*, c'est autre chose. »
Cela dit, il s'échappe à travers les taillis.
Immobile de peur, Thomas est bientôt pris :
    Il tire la bourse et la donne.

Qui ne songe qu'à soi quand sa fortune est bonne,
    Dans le malheur n'a point d'amis.

LA CARPE ET LES CARPILLONS

« Prenez garde, mes fils, côtoyez moins le bord,
    Suivez le fond de la rivière ;
    Craignez la ligne meurtrière,
  Ou l'épervier plus dangereux encor. »
C'est ainsi que parlait une carpe de Seine
A de jeunes poissons qui l'écoutaient à peine.
C'était au mois d'avril : les neiges, les glaçons,
Fondus par les zéphyrs, descendaient des montagnes ;
Le fleuve, enflé par eux, s'élève à gros bouillons,
    Et déborde dans les campagnes.
    « Ah ! ah ! criaient les carpillons,
    Qu'en dis-tu, carpe radoteuse ?
    Crains-tu pour nous les hameçons ?
Nous voilà citoyens de la mer orageuse ;

Regarde : on ne voit plus que les eaux et le ciel,
    Les arbres sont cachés sous l'onde ;
    Nous sommes les maîtres du monde :
    C'est le déluge universel. —
Ne croyez pas cela, répond la vieille mère ;
Pour que l'eau se retire il ne faut qu'un instant :
Ne vous éloignez point, et, de peur d'accident,
Suivez, suivez toujours le fond de la rivière. —
Bah ! disent les poissons, tu répètes toujours
        Mêmes discours.
Adieu, nous allons voir notre nouveau domaine. »
    Parlant ainsi nos étourdis
    Sortent tous du lit de la Seine,
Et s'en vont dans les eaux qui couvrent le pays.
  Qu'arriva-t-il ? Les eaux se retirèrent,
    les carpillons demeurèrent ;
      Bientôt ils furent pris
        Et frits.

    Pourquoi quittaient-ils la rivière ?
    Pourquoi ? Je le sais trop, hélas !
C'est qu'on se croit toujours plus sage que sa mère,
    C'est qu'on veut sortir de sa sphère,
  C'est que... c'est que... Je ne finirais pas.

LE CALIFE

Autrefois dans Bagdad le calife Almamon
Fit bâtir un palais plus beau, plus magnifique,
Que ne le fut jamais celui de Salomon.

Cent colonnes d'albâtre en formaient le portique ;
L'or, le jaspe, l'azur, décoraient le parvis ;
Dans les appartements embellis de sculpture,
Sous les lambris de cèdre, on voyait réunis
Et les trésors du luxe et ceux de la nature.
Les fleurs, les diamants, les parfums, la verdure,
Les myrtes odorants, les chefs-d'œuvre de l'art,
    Et les fontaines jaillissantes
    Roulant leurs ondes bondissantes
    A côté des lits de brocart.
Près de ce beau palais, juste devant l'entrée,
Une étroite chaumière, antique et délabrée,
D'un pauvre tisserand était l'humble réduit.
    Là, content du petit produit
D'un grand travail, sans dette et sans souci pénibles,
    Le bon vieillard, libre, oublié,
    Coulait des jours doux et paisibles,
    Point envieux, point envié.
    J'ai déjà dit que sa retraite
    Masquait le devant du palais.
Le vizir veut d'abord, sans forme de procès,
    Qu'on abatte la maisonnette ;
Mais le calife veut que d'abord on l'achète.
Il fallut obéir : on va chez l'ouvrier,
On lui porte de l'or. « Non, gardez votre somme,
    Répond doucement le pauvre homme ;
Je n'ai besoin de rien avec mon atelier :
Et quant à ma maison, je ne puis m'en défaire ;
C'est là que je suis né, c'est là qu'est mort mon père ;
    Je prétends y mourir aussi.
Le calife, s'il veut, peut me chasser d'ici,

Il peut détruire ma chaumière :
  Mais, s'il le fait, il me verra
Venir, chaque matin, sur la dernière pierre
  M'asseoir, et pleurer ma misère.
Je connais Almamon, son cœur en gémira. »
Cet insolent discours excita la colère
Du vizir, qui voulait punir ce téméraire,
Et sur-le-champ raser sa chétive maison.
  Mais le calife lui dit : « Non,
J'ordonne qu'à mes frais elle soit réparée.
  Ma gloire tient à sa durée :
Je veux que nos neveux, en la considérant,
Y trouvent de mon règne un monument auguste ;
En voyant le palais, ils diront : Il fut grand ;
En voyant la chaumière, ils diront : Il fut juste. »

LA MORT

La mort, reine du monde, assembla, certain jour,
  Dans les enfers toute sa cour.
Elle voulait choisir un bon premier ministre
Qui rendît ses États encor plus florissants.
  Pour remplir cet emploi sinistre,
Du fond du noir Tartare avancent, à pas lents,
  La Fièvre, la Goutte et la Guerre.
  C'étaient trois sujets excellents ;
  Tout l'enfer et toute la terre
  Rendaient justice à leurs talents.
La Mort leur fit accueil. La Peste vint ensuite.

On ne pouvait nier qu'elle n'eût du mérite ;
    Nul n'osait lui rien disputer,
Lorsque d'un médecin arriva la visite,
Et l'on ne sut alors qui devait l'emporter.
    La Mort même était en balance :
    Mais, les Vices étant venus,
Dès ce moment la Mort n'hésita plus :
    Elle choisit l'Intempérance.

LES DEUX JARDINIERS

Deux frères jardiniers avaient pour héritage
Un jardin, dont chacun cultivait la moitié ;
    Liés d'une étroite amitié,
    Ensemble ils faisaient leur ménage.
L'un d'eux, appelé Jean, bel esprit, beau parleur,
    Se croyait un très grand docteur ;
    Et monsieur Jean passait sa vie
A lire l'almanach, à regarder le temps,
    Et la girouette, et les vents.
Bientôt, donnant l'essor à son rare génie,
Il voulut découvrir comment d'un pois tout seul
Des milliers de pois peuvent sortir si vite ;
    Pourquoi la graine du tilleul,
Qui produit un grand arbre, est pourtant plus petite
Que la fève, qui meurt à deux pieds du terrain ;
    Enfin par quel secret mystère
Cette fève, qu'on sème au hasard sur la terre,
    Sait se retourner dans son sein,

Place en bas sa racine, et pousse en haut sa tige.
  Tandis qu'il rêve et qu'il s'afflige
De ne point pénétrer ces importants secrets,
  Il n'arrose point son marais ;
  Ses épinards et sa laitue
 Sèchent sur pied ; le vent du nord lui tue
  Ses figuiers qu'il ne couvre pas.
Point de fruits au marché, point d'argent dans la bourse.
Et le pauvre docteur, avec ses almanachs,
  N'a que son frère pour ressource.
  Celui-ci, dès le grand matin,
Travaillait en chantant quelque joyeux refrain,
Bêchait, arrosait tout, du pêcher à l'oseille.
Sur ce qu'il ignorait sans vouloir discourir,
Il semait bonnement pour pouvoir recueillir.
Aussi dans son terrain tout venait à merveille ;
Il avait des écus, des fruits et du plaisir.
  Ce fut lui qui nourrit son frère ;
  Et quand monsieur Jean tout surpris
S'en vint lui demander comment il savait faire :
« Mon ami, lui dit-il, voici tout le mystère :
  Je travaille, et tu réfléchis ;
  Lequel rapporte davantage ?
  Tu te tourmentes, je jouis :
  Qui de nous deux est le plus sage ? »

LE CHIEN ET LE CHAT

Un chien vendu par son maître
Brisa sa chaîne et revint
Au logis qui le vit naître.
Jugez de ce qu'il devint
Lorsque, pour prix de son zèle,
   fut de cette maison
Reconduit par le bâton
Vers sa demeure nouvelle !
Un vieux chat, son compagnon,
Voyant sa surprise extrême,
En passant lui dit ce mot :
« Tu croyais donc, pauvre sot,
Que c'est pour nous qu'on nous aime ? »

LE LIERRE ET LE THYM

« Que je te plains, petite plante !
Disait un jour le lierre au thym :
Toujours ramper, c'est ton destin ;
Ta tige chétive et tremblan
Sort à peine de terre, et la mienne dans l'air,
Unie au chêne altier que chérit Jupiter,
   S'élance avec lui dans la nue. —
Il est vrai, dit le thym, ta hauteur m'est connue ;

Je ne puis sur ce point disputer avec toi,
   Mais je me soutiens par moi-même ;
Et sans cet arbre, appui de ta faiblesse extrême,
   Tu ramperais plus bas que moi. »

Traducteurs, éditeurs, faiseurs de commentaires,
Qui nous parlez toujours de grec ou de latin
   Dans vos discours préliminaires,
   Retenez ce que dit le thym.

LE CHAT ET LA LUNETTE

   Un chat sauvage et grand chasseur
   S'établit, pour faire bombance,
   Dans le parc d'un jeune seigneur,
Où lapins et perdrix étaient en abondance.
Là, ce nouveau Nemrod, la nuit comme le jour,
A la course, à l'affût également habile,
Poursuivait, attendait, immolait tour à tour
   Et quadrupède et volatile.
Les gardes épiaient l'insolent braconnier :
Mais, dans le fort du bois caché près d'un terrier,
   Le drôle trompait leur adresse.
Cependant il craignait d'être pris à la fin,
   Et se plaignait que la vieillesse
   Lui rendît l'œil moins sûr, moins fin.
Ce penser lui causait souvent de la tristesse ;
Lorsqu'un jour il rencontre un petit tuyau noir,
Garni par ses deux bouts de deux glaces bien nettes :

C'était une de ces lunettes
Faites pour l'Opéra, que par hasard, un soir,
Le maître avait perdue en ce lieu solitaire.
　　Le chat d'abord la considère,
La touche de ses griffes, et de l'extrémité
La fait à petits coups rouler sur le côté,
Court après, s'en saisit, l'agite, la remue,
　　Étonné que rien n'en sortît.
Il s'avise, à la fin, d'appliquer à sa vue
Le verre d'un des bouts; c'était le plus petit.
Alors il aperçoit sous la verte coudrette
Un lapin, que ses yeux tout seuls ne voyaient pas.
« Ah! quel trésor! » dit-il en serrant sa lunette,
Et courant au lapin, qu'il croit à quatre pas.
Mais il entend du bruit, il reprend sa machine,
S'en sert par l'autre bout, et voit dans le lointain
　　Le garde qui vers lui chemine.
　　Pressé par la peur, par la faim,
　　Il reste un moment incertain,
Hésite, réfléchit, puis de nouveau regarde :
Mais toujours le gros bout lui montre loin le garde,
Et le petit tout près lui fait voir le lapin.
Croyant avoir le temps, il va manger la bête ;
Le garde est à vingt pas, qui vous l'ajuste au front,
　　Lui met deux balles dans la tête
　　Et de sa peau fait un manchon.

　　Chacun de nous a sa lunette,
　　Qu'il retourne suivant l'objet :
　　On voit là-bas ce qui déplaît,
　　On voit ici ce qu'on souhaite.

LE JEUNE HOMME ET LE VIEILLARD

« De grâce, apprenez-moi comment l'on fait fortune, »
Demandait à son père un jeune ambitieux.
« Il est, dit le vieillard, un chemin glorieux :
C'est de se rendre utile à la cause commune,
De prodiguer ses jours, ses veilles, ses talents,
    Au service de la patrie. —
    Oh ! trop pénible est cette vie !
    Je veux des moyens moins brillants. —
Il en est de plus sûrs : l'intrigue… — Elle est trop vile :
Sans vice et sans travail je voudrais m'enrichir. —
    Eh bien ! sois un simple imbécile :
    J'en ai vu beaucoup réussir. »

LA TAUPE ET LES LAPINS

Chacun de nous souvent connaît bien ses défauts :
    En convenir, c'est autre chose ;
On aime mieux souffrir de véritables maux
    Que d'avouer qu'ils en sont cause.
    Je me souviens à ce sujet
    D'avoir été témoin d'un fait
   Fort étonnant, et difficile à croire :
    Mais je l'ai vu ; voici l'histoire.

Près d'un bois, le soir, à l'écart,
Dans une superbe prairie,
Des lapins s'amusaient, sur l'herbette fleurie,
A jouer au colin-maillard.
Des lapins! direz-vous; la chose est impossible.
Rien n'est plus vrai pourtant. Une feuille flexible
Sur les yeux de l'un d'eux en bandeau s'appliquait,
Et puis sous le cou se nouait.
Un instant en faisait l'affaire.
Celui que ce ruban privait de la lumière
Se plaçait au milieu; les autres alentour
Sautaient, dansaient, faisaient merveilles,
S'éloignaient, venaient tour à tour
Tirer sa queue ou ses oreilles.
Le pauvre aveugle alors, se retournant soudain,
Sans craindre pot au noir, jette au hasard la patte :
Mais la troupe échappe à la hâte;
Il ne prend que du vent : il se tourmente en vain;
Il y sera jusqu'à demain.
Une taupe assez étourdie,
Qui sous terre entendit ce bruit,
Sort aussitôt de son réduit,
Et se mêle dans la partie.
Vous jugez que, n'y voyant pas,
Elle fut prise au premier pas.
« Messieurs, dit un lapin, ce serait conscience,
Et la justice veut qu'à notre pauvre sœur
Nous fassions un peu de faveur;
Elle est sans yeux et sans défense :
Ainsi je suis d'avis... — Non, répond avec feu
La taupe; je suis prise, et prise de bon jeu;

Mettez-moi le bandeau. — Très volontiers, ma chère :
Le voici ; mais je crois qu'il n'est pas nécessaire
    Que nous serrions le nœud bien fort. —
Pardonnez-moi, Monsieur, reprit-elle en colère ;
Serrez bien, car j'y vois... Serrez, j'y vois encor. »

LE ROSSIGNOL ET LE PRINCE

Un jeune prince, avec son gouverneur,
    Se promenait dans un bocage,
    Et s'ennuyait, suivant l'usage :
    C'est le profit de la grandeur.
Un rossignol chantait sous le feuillage :
Le prince l'aperçoit, et le trouve charmant ;
Et, comme il était prince, il veut, dans le moment,
    L'attraper et le mettre en cage.
    Mais pour le prendre il fait du bruit,
        Et l'oiseau fuit.
« Pourquoi donc, dit alors Son Altesse en colère,
    Le plus aimable des oiseaux
Se tient-il dans les bois, farouche et solitaire,
Tandis que mon palais est rempli de moineaux ? —
C'est, lui dit le mentor, afin de vous instruire
    De ce qu'un jour vous devez éprouver ;
    Les sots savent tous se produire :
Le mérite se cache, il faut l'aller trouver. »

L'AVEUGLE ET LE PARALYTIQUE

Aidons-nous mutuellement,
La charge des malheurs en sera plus légère :
　　Le bien que l'on fait à son frère
Pour le mal que l'on souffre est un soulagement.
Confucius l'a dit ; suivons tous sa doctrine :
Pour la persuader aux peuples de la Chine,
　　Il leur contait le trait suivant.

　　Dans une ville de l'Asie
　　Il existait deux malheureux,
L'un perclus, l'autre aveugle, et pauvres tous les deux :
Ils demandaient au Ciel de terminer leur vie ;
　　Mais leurs cris étaient superflus ;
Ils ne pouvaient mourir. Notre paralytique,
Couché sur un grabat dans la place publique,
Souffrait sans être plaint : il en souffrait bien plus.
　　L'aveugle, à qui tout pouvait nuire,
　　Était sans guide, sans soutien,
　　Sans avoir même un pauvre chien
　　Pour l'aimer et pour le conduire.
　　Un certain jour il arriva
Que l'aveugle à tâtons, au détour d'une rue,
　　Près du malade se trouva :
Il entendit ses cris, son âme en fut émue.
　　Il n'est tel que les malheureux
　　Pour se plaindre les uns les autres.

« J'ai mes maux, lui dit-il, et vous avez les vôtres :
Unissons-les, mon frère, ils seront moins affreux. —
Hélas! dit le perclus, vous ignorez, mon frère,
    Que je ne puis faire un seul pas ;
    Vous-même vous n'y voyez pas :
A quoi nous servirait d'unir notre misère ? —
A quoi? répond l'aveugle; écoutez : à nous deux
Nous possédons le bien à chacun nécessaire ;
    J'ai des jambes, et vous des yeux.
Moi, je vais vous porter; vous, vous serez mon guide :
Vos yeux dirigeront mes pas mal assurés ;
Mes jambes, à leur tour, iront où vous voudrez.
Ainsi, sans que jamais notre amitié décide
Qui de nous deux remplit le plus utile emploi,
Je marcherai pour vous, vous y verrez pour moi. »

LA MÈRE, L'ENFANT ET LES SARIGUES [1]

A MADAME DE LA BRICHE

Vous de qui les attraits, la modeste douceur,
Savent tout obtenir et n'osent rien prétendre ;
Vous que l'on ne peut voir sans devenir plus tendre
Et qu'on ne peut aimer sans devenir meilleur,
Je vous respecte trop pour parler de vos charmes,
    De vos talents, de votre esprit...
Vous aviez déjà peur : bannissez vos alarmes,
    C'est de vos vertus qu'il s'agit.

[1] Animal voisin du putois et habitant l'Amérique.

Je veux peindre en mes vers des mères le modèle,
Le sarigue, animal peu connu parmi nous,
    Mais dont les soins touchants et doux,
    Dont la tendresse maternelle,
    Seront de quelque prix pour vous.
    Le fond du conte est véritable ;
Buffon m'en est garant : qui pourrait en douter ?
D'ailleurs tout dans ce genre a droit d'être croyable,
Lorsque c'est devant vous qu'on peut le raconter.

« Maman, disait un jour à la plus tendre mère,
Un enfant péruvien sur ses genoux assis,
Quel est cet animal qui, dans cette bruyère,
    Se promène avec ses petits ?
Il ressemble au renard. — Mon fils, répondit-elle,
    Du sarigue c'est la femelle :
    Nulle mère pour ses enfants
N'eut jamais plus d'amour, plus de soins vigilants.
La nature a voulu seconder sa tendresse,
    Et lui fit près de l'estomac
Une poche profonde, une espèce de sac,
    Où ses petits, quand un danger les presse,
    Vont mettre à couvert leur faiblesse.
Fais du bruit, tu verras ce qu'ils vont devenir. »
L'enfant frappe des mains ; la sarigue attentive
    Se dresse, et d'une voix plaintive,
Jette un cri. Les petits aussitôt d'accourir,
    Et de s'élancer vers la mère,
En cherchant dans son sein leur retraite ordinaire.
    La poche s'ouvre, les petits
    En un moment y sont blottis,

Et disparaissent tous ; la mère avec vitesse
    S'enfuit, emportant sa richesse.
La Péruvienne alors dit à l'enfant surpris :
    « Si jamais le sort t'est contraire,
Souviens-toi du sarigue, imite-le, mon fils ;
L'asile le plus sûr est le sein d'une mère. »

LE VIEUX ARBRE ET LE JARDINIER

    Un jardinier, dans son jardin,
    Avait un vieux arbre stérile :
C'était un grand poirier qui jadis fut fertile ;
Mais il avait vieilli, tel est notre destin.
Le jardinier ingrat veut l'abattre un matin ;
    Le voilà qui prend sa cognée.
    Au premier coup, l'arbre lui dit :
« Respecte mon grand âge, et souviens-toi du fruit
    Que je t'ai donné chaque année.
La mort va me saisir, je n'ai plus qu'un instant :
    N'assassine pas un mourant
Qui fut ton bienfaiteur. — Je te coupe avec peine,
Répond le jardinier ; mais j'ai besoin de bois. »
    Alors, gazouillant à la fois,
    De rossignols une centaine
S'écrie : « Épargne-le, nous n'avons plus que lui :
Lorsque ta femme vient s'asseoir sous son ombrage,
Nous la réjouissons par notre doux ramage ;
Elle est seule souvent, nous charmons son ennui. »
Le jardinier les chasse, et rit de leur requête ;

Il frappe un second coup. D'abeilles un essaim
Sort aussitôt du tronc, en lui disant : « Arrête,
    Écoute-nous, homme inhumain.
    Si tu nous laisses cet asile,
    Chaque jour nous te donnerons
Un miel délicieux, dont tu peux à la ville
    Porter et vendre les rayons :
Cela te touche-t-il ? J'en pleure de tendresse,
    Répond l'avare jardinier.
Eh ! que ne dois-je pas à ce pauvre poirier
    Qui m'a nourri dans sa jeunesse !
Ma femme quelquefois vient ouïr ces oiseaux ;
C'en est assez pour moi : qu'ils chantent en repos.
Et vous qui daignerez augmenter mon aisance,
Je veux pour vous de fleurs semer tout ce canton. »
Cela dit, il s'en va, sûr de sa récompense,
    Et laisse vivre le vieux tronc.

    Comptez sur la reconnaissance,
    Quand l'intérêt vous en répond.

LA BREBIS ET LE CHIEN

La brebis et le chien, de tous les temps amis,
Se racontaient un jour leur vie infortunée.
« Ah ! disait la brebis, je pleure et je frémis,
Quand je songe aux malheurs de notre destinée.
Toi, l'esclave de l'homme, adorant des ingrats,
    Toujours soumis, tendre et fidèle,

Tu reçois, pour prix de ton zèle,
　　Des coups, et souvent le trépas.
　　Moi, qui tous les ans les habille,
Qui leur donne du lait et qui fume leurs champs,
Je vois chaque matin quelqu'un de ma famille
　　Assassiné par ces méchants.
Leurs confrères les loups dévorent ce qui reste.
　　Victimes de ces inhumains,
Travailler pour eux seuls, et mourir par leurs mains,
　　Voilà notre destin funeste ! —
Il est vrai, dit le chien ; mais crois-tu plus heureux
　　Les auteurs de notre misère ?
　　Va, ma sœur, il vaut encor mieux
　　Souffrir le mal que de le faire. »

LE TROUPEAU DE COLAS

Dès la pointe du jour sortant de son hameau,
Colas, jeune pasteur d'un assez beau troupeau,
　　Le conduisait au pâturage.
　　Sur la route il trouve un ruisseau
Que, la nuit précédente, un effroyable orage
Avait rendu torrent : comment passer cette eau ?
Chien, brebis et berger, tout s'arrête au rivage.
En faisant un circuit l'on eût gagné le pont ;
C'était bien le plus sûr, mais c'était le plus long :
Colas veut abréger. D'abord il considère
　　Qu'il peut franchir cette rivière ;
　　Et comme ses béliers sont forts,

Il conclut que, sans grands efforts,
Le troupeau sautera. Cela dit, il s'élance ;
Son chien saute après lui ; béliers d'entrer en danse
A qui mieux mieux : courage, allons !
Après les béliers, les moutons ;
Tout est en l'air, tout saute ; et Colas les excite,
En s'applaudissant du moyen.
Les béliers, les moutons, sautèrent assez bien :
Mais les brebis vinrent ensuite,
Les agneaux, les vieillards, les faibles, les peureux,
Les mutins, corps toujours nombreux,
Qui refusaient le saut ou sautaient de colère,
Et, soit faiblesse, soit dépit,
Se laissaient choir dans la rivière.
Il s'en noya le quart ; un autre quart s'enfuit,
Et sous la dent du loup périt.
Colas, réduit à la misère,
S'aperçut, mais trop tard, que pour un bon pasteur
Le plus court n'est pas le meilleur.

LE BOUVREUIL ET LE CORBEAU

Un bouvreuil, un corbeau, chacun dans une cage,
Habitaient le même logis.
L'un enchantait par son ramage
La femme, le mari, les gens, tout le ménage ;
L'autre les fatiguait sans cesse de ses cris ;
Il demandait du pain, du rôti, du fromage,
Qu'on se pressait de lui porter,

Afin qu'il voulût bien se taire.
Le timide bouvreuil ne faisait que chanter,
Et ne demandait rien : aussi, pour l'ordinaire,
    On l'oubliait; le pauvre oiseau
    Manquait souvent de grain et d'eau.
Ceux qui louaient le plus de son chant l'harmonie
    N'auraient pas fait le moindre pas
    Pour voir si l'auge était remplie.
Ils l'aimaient bien pourtant, mais ils n'y pensaient pas.
Un jour on le trouva mort de faim dans sa cage.
Ah! quel malheur! dit-on : las! il chantait si bien!
De quoi donc est-il mort? Certes, c'est grand dommage :
Le corbeau crie encore, et ne manque de rien.

LE SINGE QUI MONTRE LA LANTERNE MAGIQUE

Messieurs les beaux esprits, dont la prose et les vers
Sont d'un style pompeux et toujours admirable,
Mais que l'on n'entend point, écoutez cette fable,
    Et tâchez de devenir clairs.

Un homme qui montrait la lanterne magique
    Avait un singe dont les tours
    Attiraient chez lui grand concours.
Jacqueau (c'était son nom) sur la corde élastique
    Dansait et voltigeait au mieux,
    Puis faisait le saut périlleux,
Et puis sur un cordon, sans que rien le soutienne,
    Le corps droit, fixe, d'aplomb,

Notre Jacqueau fait tout du long
    L'exercice à la prussienne.
Un jour qu'au cabaret son maître était resté
    (C'était, je pense, un jour de fête),
      Notre singe en liberté
      Veut faire un coup de sa tête.
Il s'en va rassembler les divers animaux
    Qu'il peut rencontrer dans la ville ;
    Chiens, chats, poulets, dindons, pourceaux,
    Arrivent bientôt à la file.
« Entrez, entrez, Messieurs ! criait notre Jacqueau ;
C'est ici, c'est ici qu'un spectacle nouveau
Vous charmera gratis. Oui, Messieurs, à la porte
On ne prend point d'argent ; je fais tout pour l'honneur. »
    A ces mots, chaque spectateur
    Va se placer, et l'on apporte
La lanterne magique : on ferme les volets,
    Et, par un discours fait exprès,
    Jacqueau prépare l'auditoire.
    Ce morceau vraiment oratoire
    Fit bâiller, mais on applaudit.
Content de son succès, notre singe saisit
  Un verre peint qu'il met dans sa lanterne.
    Il sait comment on le gouverne,
Et crie en le poussant : « Est-il rien de pareil ?
    Messieurs, vous voyez le soleil,
    Ses rayons et toute sa gloire.
Voici présentement la lune ; et puis l'histoire
    D'Adam, d'Ève, et des animaux...
    Voyez, Messieurs, comme ils sont beaux !
    Voyez la naissance du monde ;

Voyez... » Les spectateurs, dans une nuit profonde,
Écarquillaient leurs yeux et ne pouvaient rien voir ;
   L'appartement, le mur, tout était noir.
« Ma foi, disait un chat, de toutes ces merveilles
    Dont il étourdit nos oreilles,
    Le fait est que je ne vois rien. —
    Ni moi non plus, disait un chien. —
Moi, disait un dindon, je vois bien quelque chose,
    Mais je ne sais pour quelle cause
    Je ne distingue pas très bien. »
Pendant tous ces discours, le Cicéron moderne
Parlait éloquemment, et ne se lassait point.
    Il n'avait oublié qu'un point,
    C'était d'éclairer sa lanterne.

L'ENFANT ET LE MIROIR

Un enfant élevé dans un pauvre village
Revint chez ses parents, et fut surpris d'y voir
      Un miroir.
    D'abord il aima son image,
Et puis, par un travers bien digne d'un enfant,
    Et même d'un être plus grand,
    Il veut outrager ce qu'il aime,
Lui fait une grimace, et le miroir la rend.
    Alors son dépit est extrême ;
    Il lui montre un poing menaçant :
    Il se voit menacé de même.
Notre marmot fâché s'en vient, en frémissant,

Battre cette image insolente ;
Il se fait mal aux mains ; sa colère en augmente,
Et, furieux, au désespoir,
Le voilà, devant ce miroir,
Criant, pleurant, frappant la glace.
Sa mère, qui survient, le console et l'embrasse,
Tarit ses pleurs, et doucement lui dit :
« N'as-tu pas commencé par faire la grimace
A ce méchant enfant qui cause ton dépit ? —
Oui. — Regarde à présent : tu souris, il sourit ;
Tu tends vers lui les bras, il te les tend de même ;
Tu n'es plus en colère, il ne se fâche plus.
De la société tu vois ici l'emblème. »

Le bien, le mal, nous sont rendus.

LE CHEVAL ET LE POULAIN

Un bon père cheval, veuf, et n'ayant qu'un fils,
L'élevait dans un pâturage
Où les eaux, les fleurs et l'ombrage
Présentaient à la fois tous les biens réunis.
Abusant pour jouir, comme on fait à cet âge,
Le poulain tous les jours se gorgeait de sainfoin,
Se vautrait dans l'herbe fleurie,
Galopait sans objet, se baignait sans envie,
Ou se reposait sans besoin.
Oisif et gras à lard, le jeune solitaire
S'ennuya, se lassa de ne manquer de rien.

Le dégoût vint bientôt : il va trouver son père.
« Depuis longtemps, dit-il, je ne me sens pas bien ;
    Cette herbe est malsaine et me tue,
Ce trèfle est sans saveur, cette onde est corrompue ;
L'air qu'on respire ici m'attaque les poumons :
    Bref, je meurs si nous ne partons. —
Mon fils, répond le père, il s'agit de ta vie ?
    A l'instant même il faut partir. »
Sitôt dit, sitôt fait ; ils quittent leur patrie.
Le jeune voyageur bondissait de plaisir ;
Le vieillard, moins joyeux, allait un train plus sage ;
Mais il guidait l'enfant, et le faisait gravir
Sur des monts escarpés, arides, sans herbage,
    Où rien ne pouvait le nourrir.
    Le soir vint, point de pâturage ;
    On s'en passa. Le lendemain,
Comme l'on commençait à souffrir de la faim,
On prit du bout des dents une ronce sauvage.
On ne galopa plus le reste du voyage ;
A peine, après deux jours, allait-on même au pas.
    Jugeant alors la leçon faite,
Le père va reprendre une route secrète,
    Que son fils ne connaissait pas,
    Et le ramène à la prairie
Au milieu de la nuit. Dès que notre poulain
    Retrouve un peu d'herbe fleurie,
Il se jette dessus : « Ah ! l'excellent festin,
La bonne herbe ! dit-il : comme elle est douce et tendre !
    Mon père, il ne faut pas s'attendre
    Que nous puissions rencontrer mieux.
Fixons-nous pour jamais dans ces aimables lieux :

Quel pays peut valoir cet asile champêtre? »
Comme il parlait ainsi, le jour vint à paraître :
Le poulain reconnaît le pré qu'il a quitté.
Il demeure confus. Le père, avec bonté,
Lui dit : « Mon cher enfant, retiens cette maxime :
Quiconque jouit trop est bientôt dégoûté ;
    Il faut au bonheur du régime. »

LE GRILLON

    Un pauvre petit grillon
    Caché dans l'herbe fleurie
    Regardait un papillon
    Voltigeant dans la prairie.
L'insecte ailé brillait des plus vives couleurs ;
L'azur, le pourpre et l'or éclataient sur ses ailes ;
Jeune, beau, petit-maître, il court de fleurs en fleurs ;
    Prenant et quittant les plus belles.
« Ah! disait le grillon, que son sort et le mien
    Sont différents! Dame nature
    Pour lui fit tout et pour moi rien.
Je n'ai point de talent, encor moins de figure ;
Nul ne prend garde à moi, l'on m'ignore ici-bas :
    Autant vaudrait n'exister pas. »
    Comme il parlait, dans la prairie
    Arrive une troupe d'enfants :
    Aussitôt les voilà courants
Après ce papillon dont ils ont tous envie.
Chapeaux, mouchoirs, bonnets, servent à l'attraper ;

L'insecte vainement cherche à leur échapper,
  Il devient bientôt leur conquête.
L'un le saisit par l'aile, un autre par le corps;
Un troisième survient, et le prend par la tête :
  Il ne fallait pas tant d'efforts
  Pour déchirer la pauvre bête.
« Oh! oh! dit le grillon; je ne suis plus fâché;
Il en coûte trop cher pour briller dans le monde!
Combien je vais aimer ma retraite profonde!
  Pour vivre heureux, vivons caché. »

LE CHATEAU DE CARTES

Un bon mari, sa femme et deux jolis enfants
Coulaient en paix leurs jours dans le simple ermitage
Où, paisibles comme eux, vécurent leurs parents.
Ces époux, partageant les doux soins du ménage,
Cultivaient leur jardin, recueillaient leurs moissons;
Et le soir, dans l'été soupant sous le feuillage,
  Dans l'hiver devant leurs tisons,
  Ils prêchaient à leurs fils la vertu, la sagesse;
Leur parlaient du bonheur qu'ils procurent toujours.
  Le père par un conte égayait ses discours,
    La mère par une caresse.
L'aîné de ces enfants, né grave, studieux,
  Lisait et méditait sans cesse;
Le cadet, vif, léger, mais plein de gentillesse,
Sautait, riait toujours, ne se plaisait qu'aux jeux.
Un soir, selon l'usage, à côté de leur père,

Assis près d'une table où s'appuyait la mère,
L'aîné lisait Rollin : le cadet, peu soigneux
D'apprendre les hauts faits des Romains ou des Parthes,
Employait tout son art, toutes ses facultés,
A joindre, à soutenir par les quatre côtés
    Un fragile château de cartes.
Il n'en respirait pas d'attention, de peur.
    Tout à coup voici le lecteur
Qui s'interrompt : « Papa, dit-il, daigne m'instruire
Pourquoi certains guerriers sont nommés conquérants,
    Et d'autres fondateurs d'empire :
    Ces deux noms sont-ils différents? »
Le père méditait une réponse sage,
Lorsque son fils cadet, transporté de plaisir,
Après tant de travail, d'avoir pu parvenir
    A placer son second étage,
S'écrie : « Il est fini! » Son frère, murmurant,
Se fâche, et d'un seul coup détruit son long ouvrage;
    Et voilà le cadet pleurant.
    « Mon fils, répond alors le père,
    Le fondateur c'est votre frère,
    Et vous êtes le conquérant. »

LE PHÉNIX

Le phénix, venant d'Arabie,
    Dans nos bois parut un beau jour :
Grand bruit chez les oiseaux ; leur troupe réunie
    Vole pour lui faire sa cour.

Chacun l'observe, l'examine :
Son plumage, sa voix, son chant mélodieux,
　　Tout est beauté, grâce divine;
　　Tout charme l'oreille et les yeux.
Pour la première fois, on vit céder l'envie
Au besoin de louer et d'aimer son vainqueur.
Le rossignol disait : « Jamais tant de douceur
　　N'enchanta mon âme ravie. —
Jamais, disait le paon, de plus belles couleurs
　　N'ont eu cet éclat que j'admire ;
Il éblouit mes yeux, et toujours les attire. »
Les autres répétaient ces éloges flatteurs,
　　Vantaient le privilège unique
De ce roi des oiseaux, de cet enfant du ciel,
Qui, vieux, sur un bûcher de cèdre aromatique,
Se consume lui-même, et renaît immortel.
Pendant tous ces discours, la seule tourterelle,
　　Sans rien dire, fit un soupir.
　　Son époux, la poussant de l'aile,
　　Lui demande d'où peut venir
　　Sa rêverie et sa tristesse :
« De cet heureux oiseau désires-tu le sort ? —
　　Moi, mon ami ? je le plains fort :
　　Il est le seul de son espèce. »

L'ÉDUCATION DU LION

Enfin le roi lion venait d'avoir un fils ;
Partout dans ses États on se livrait en proie
Aux transports éclatants d'une bruyante joie :
    Les rois heureux ont tant d'amis!
    Sire lion, monarque sage,
Songeait à confier son enfant bien-aimé
Aux soins d'un gouverneur vertueux, estimé,
Sous qui le lionceau fit son apprentissage.
    Vous jugez qu'un choix pareil
    Est d'assez grande importance
    Pour que longtemps on y pense.
Le monarque indécis assemble son conseil :
    En peu de mots il expose
Le point dont il s'agit, et supplie instamment
Chacun des conseillers de nommer franchement
Celui qu'en conscience il croit propre à la chose.
Le tigre se leva : « Sire, dit-il, les rois
    N'ont de grandeur que par la guerre;
Il faut que votre fils soit l'effroi de la terre :
    Faites donc tomber votre choix
    Sur le guerrier le plus terrible,
Le plus craint après vous des hôtes de ces bois.
Votre fils saura tout, s'il sait être invincible. »
L'ours fut de cet avis : il ajouta pourtant
    Qu'il fallait un guerrier prudent,
Un animal de poids, de qui l'expérience

Du jeune lionceau sût régler la vaillance,
    Et mettre à profit ses exploits.
    Après l'ours, le renard s'explique,
    Et soutient que la politique
    Est le premier talent des rois ;
Qu'il faut donc un Mentor d'une finesse extrême
Pour instruire le prince et pour le bien former.
    Ainsi chacun, sans se nommer,
    Clairement s'indiqua soi-même :
De semblables conseils sont communs à la cour.
    Enfin le chien parle à son tour.
« Sire, dit-il, je sais qu'il faut faire la guerre ;
Mais je crois qu'un bon roi ne la fait qu'à regret ;
    L'art de tromper ne me plaît guère :
    Je connais un plus beau secret
Pour rendre heureux l'État, pour en être le père,
Pour tenir ses sujets, sans trop les alarmer,
    Dans une dépendance entière :
    Ce secret, c'est de les aimer.
Voilà pour bien régner la science suprême ;
Et si vous désirez la voir dans votre fils,
    Sire, montrez-la-lui vous-même. »
Tout le conseil resta muet à cet avis.
Le lion court au chien : « Ami, je te confie
Le bonheur de l'État et celui de ma vie :
Prends mon fils, sois son maître, et loin de tout flatteur,
    S'il se peut, va former son cœur. »
Il dit, et le chien part avec le jeune prince.
D'abord à son pupille il persuade bien
Qu'il n'est point lionceau, qu'il n'est qu'un pauvre chien,
Son parent éloigné. De province en province

Il le fait voyager, montrant à ses regards
Les abus du pouvoir, des peuples la misère;
Les lièvres, les lapins mangés par les renards,
Les moutons par les loups, les cerfs par la panthère;
  Partout le faible terrassé;
  Le bœuf travaillant sans salaire,
  Et le singe récompensé.
Le jeune lionceau frémissait de colère :
« Mon père, disait-il, de pareils attentats
Sont-ils connus du roi?—Comment pourraient-ils l'être?
Disait le chien : les grands approchent seuls du maître,
  Et les mangés ne parlent pas. »
Ainsi, sans raisonner de vertu, de prudence,
Notre jeune lion devenait tous les jours
Vertueux et prudent; car c'est l'expérience
  Qui corrige, et non les discours.
A cette bonne école il acquit avec l'âge
  Sagesse, esprit, force et raison.
  Que lui fallait-il davantage?
Il ignorait pourtant encor qu'il fût lion;
Lorsqu'un jour qu'il parlait de sa reconnaissance
  A son maître, à son bienfaiteur,
Un tigre furieux, d'une énorme grandeur,
Paraissant tout à coup, contre le chien s'avance.
  Le lionceau plus prompt s'élance;
Il hérisse ses crins, il rugit de fureur,
Bat ses flancs de sa queue, et ses griffes sanglantes
Ont bientôt dispersé les entrailles fumantes
  De son redoutable ennemi.
A peine il est vainqueur, qu'il court à son ami :
« Oh! quel bonheur pour moi d'avoir sauvé ta vie!

Mais quel est mon étonnement !
Sais-tu que l'amitié, dans cet heureux moment,
M'a donné d'un lion la force et la furie ? —
Vous l'êtes, mon cher fils, oui, vous êtes mon roi,
    Dit le chien tout baigné de larmes.
Le voilà donc venu ce moment plein de charmes,
Où, vous rendant enfin tout ce que je vous dois,
Je peux vous dévoiler un important mystère !
Retournons à la cour, mes travaux sont finis.
Cher prince, malgré moi cependant je gémis,
Je pleure ; pardonnez : tout l'État trouve un père,
    Et moi je vais perdre mon fils. »

LE DANSEUR DE CORDE ET LE BALANCIER

Sur la corde tendue un jeune voltigeur
Apprenait à danser ; et déjà son adresse,
    Ses tours de force, de souplesse,
    Faisaient venir maint spectateur.
Sur son étroit chemin on le voit qui s'avance,
Le balancier en main, l'air libre, le corps droit,
    Hardi, léger autant qu'adroit ;
Il s'élève, descend, va, vient, plus haut s'élance,
    Retombe, remonte en cadence,
    Et, semblable à certains oiseaux
Qui rasent en volant la surface des eaux,
    Son pied touche, sans qu'on le voie,
A la corde qui plie et dans l'air le renvoie.
Notre jeune danseur, tout fier de son talent,

Dit un jour : « A quoi bon ce balancier pesant
    Qui me fatigue et m'embarrasse?
Si je dansais sans lui, j'aurais bien plus de grâce,
    De force et de légèreté.
Aussitôt fait que dit. Le balancier jeté,
Notre étourdi chancelle, étend les bras, et tombe.
Il se cassa le nez, et tout le monde en rit.

Jeunes gens, jeunes gens, ne vous a-t-on pas dit
Que sans règle et sans frein tôt ou tard on succombe?
La vertu, la raison, les lois, l'autorité,
Dans vos désirs fougueux, vous causent quelque peine :
    C'est le balancier qui vous gêne,
    Mais qui fait votre sûreté.

LA JEUNE POULE ET LE VIEUX RENARD

Une poulette jeune et sans expérience,
    En trottant, cloquetant, grattant,
    Se trouva, je ne sais comment,
Fort loin du poulailler, berceau de son enfance.
Elle s'en aperçut, qu'il était déjà tard.
Comme elle y retournait, voici qu'un vieux renard
    A ses yeux troublés se présente.
    La pauvre poulette tremblante
    Recommanda son âme à Dieu.
    Mais le renard, s'approchant d'elle,
    Lui dit : « Hélas! mademoiselle,
    Votre frayeur m'étonne peu :

C'est la faute de mes confrères,
Gens de sac et de corde, infâmes ravisseurs,
　　Dont les appétits sanguinaires
　　Ont rempli la terre d'horreurs.
Je ne puis les changer, mais du moins je travaille
　　A préserver par mes conseils
　　L'innocente et faible volaille
　　Des attentats de mes pareils.
Je ne me trouve heureux qu'en me rendant utile;
Et j'allais de ce pas jusque dans votre asile
Pour avertir vos sœurs qu'il court un mauvais bruit :
C'est qu'un certain renard, méchant autant qu'habile,
　　Doit vous attaquer cette nuit.
Je viens veiller pour vous. » La crédule innocente
　　Vers le poulailler le conduit.
　　A peine est-il dans ce réduit,
Qu'il tue, étrangle, égorge, et sa griffe sanglante
Entasse les mourants sur la terre étendus,
Comme fit Diomède au quartier de Rhésus.
　　Il croqua tout, grandes, petites,
Coqs, poulets et chapons; tout périt sous ses dents.

　　La pire espèce de méchants
　　Est celle des vieux hypocrites.

LE CHAT ET LE MOINEAU

La prudence est bonne de soi ;
Mais la pousser trop loin est une duperie :
L'exemple suivant en fait foi.

Des moineaux habitaient dans une métairie.
Un beau champ de millet, voisin de la maison,
Leur donnait du grain à foison.
Ces moineaux dans le champ passaient toute leur vie
Occupés de gruger les épis de millet.
Le vieux chat du logis les guettait d'ordinaire,
Tournait et retournait ; mais il avait beau faire,
Sitôt qu'il paraissait, la bande s'envolait.
Comment les attraper? Notre vieux chat y songe,
Médite, fouille en son cerveau,
Et trouve un tour tout neuf. Il va tremper dans l'eau
Sa patte, dont il fait éponge.
Dans du millet en grain aussitôt il la plonge;
Le grain s'attache tout autour.
Alors à cloche-pied, sans bruit, par un détour
Il va gagner le champ, s'y couche,
La patte en l'air et sur le dos,
Ne bougeant non plus qu'une souche.
Sa patte ressemblait à l'épi le plus gros;
L'oiseau s'y méprenait, il approchait sans crainte,
Venait pour becqueter : de l'autre patte, crac!
Voilà mon oiseau dans le sac.

Il en prit vingt par cette feinte.
Un moineau s'aperçoit du piège scélérat,
    Et prudemment fuit la machine ;
    Mais dès ce jour il s'imagine
Que chaque épi de grain était patte de chat.
    Au fond de son trou solitaire
    Il se retire, et plus n'en sort,
    Supporte la faim, la misère,
    Et meurt pour éviter la mort.

LE ROI DE PERSE

    Un roi de Perse, certain jour,
    Chassait avec toute sa cour.
    Il eut soif, et dans cette plaine
    On ne trouvait point de fontaine.
Près de là seulement était un grand jardin
Rempli de beaux cédrats, d'orange, de raisin :
    « A Dieu ne plaise que j'en mange !
Dit le roi, ce jardin courrait trop de danger :
Si je me permettais d'y cueillir une orange,
Mes vizirs aussitôt mangeraient le verger. »

LE LINOT

    Une linotte avait un fils,
    Qu'elle adorait, selon l'usage :

C'était l'unique fruit du plus doux mariage,
Et le plus beau linot qui fût dans le pays.
Sa mère en était folle, et tous les témoignages
Que peuvent inventer la tendresse et l'amour
Étaient pour cet enfant épuisés chaque jour.
Notre jeune linot, fier de ces avantages,
Se croyait un phénix, prenait l'air suffisant,
    Tranchait du petit important
    Avec les oiseaux de son âge;
Persiflait la mésange ou bien le roitelet,
    Donnait à chacun son paquet,
Et se faisait haïr de tout le voisinage.
Sa mère lui disait : « Mon cher fils, sois plus sage,
Plus modeste surtout. Hélas ! je conçois bien
Les dons, les qualités qui furent ton partage;
    Mais feignons de n'en savoir rien,
    Pour qu'on les aime davantage. »
    A tout cela notre linot
    Répondait par quelque bon mot.
La mère en gémissait dans le fond de son âme.
    Un vieux merle, ami de la dame,
Lui dit : « Laissez aller votre fils au grand bois;
    Je vous réponds qu'avant un mois
Il sera sans défaut. » Vous jugez des alarmes
De la mère, qui pleure et frémit du danger.
Mais le jeune linot brûlait de voyager :
    Il partit donc, malgré ses larmes.
    A peine est-il dans la forêt,
    Que notre petit personnage
    Du pivert entend le ramage
    Et se moque de son fausset.

Le pivert, qui prit mal cette plaisanterie,
Vient à bons coups de bec plumer le persifleur ;
　　Et, deux jours après, une pie
Le dégoûte à jamais du métier de railleur.
Il lui restait encor la vanité secrète
　　De se croire excellent chanteur :
　　Le rossignol et la fauvette
　　Le guérirent de son erreur.
　　Bref, il retourna chez sa mère
　　Doux, poli, modeste et charmant.

Ainsi l'adversité fit, dans un seul moment,
Ce que tant de leçons n'avaient jamais pu faire.

L'INONDATION

Des laboureurs vivaient paisibles et contents,
　　Dans un riche et nombreux village ;
Dès l'aurore ils allaient travailler à leurs champs.
　　Le soir ils revenaient chantants
　　Au sein d'un tranquille ménage ;
　　Et la nature, bonne et sage,
Pour prix de leurs travaux leur donnait tous les ans
　　De beaux blés et de beaux enfants,
Mais il faut bien souffrir, c'est notre destinée :
　　Or il arriva qu'une année,
　　Dans le mois où le blond Phébus
　　S'en va faire visite au brûlant Sirius,
　　La terre, de sucs épuisée,

Ouvrant de toutes parts son sein,
Haletait sous un ciel d'airain :
Point de pluie, et point de rosée.
Sur un sol crevassé l'on voit noircir le grain,
Les épis sont brûlés, et leurs têtes penchées
Tombent sur leurs tiges séchées.
On trembla de mourir de faim.
La commune s'assemble : en hâte on délibère,
Et chacun, comme à l'ordinaire,
Parle beaucoup et rien ne dit.
Enfin quelques vieillards, gens de sens et d'esprit,
Proposèrent un parti sage :
« Mes amis, dirent-ils, d'ici vous pouvez voir
Ce mont peu distant du village :
Là se trouve un grand lac, immense réservoir
Des souterraines eaux qui s'y font un passage.
Allez saigner ce lac; mais sachez ménager
Un petit nombre de saignées,
Afin qu'à votre gré vous puissiez diriger
Ces bienfaisantes eaux dans vos terres baignées.
Juste quand il faudra nous les arrêterons.
Prenez bien garde au moins!...—Oui! oui, courons, cou-
S'écrie aussitôt l'assemblée.   [rons, »
Et voilà mille jeunes gens
Armés d'hoyaux, de pics, et d'autres instruments,
Qui volent vers le lac. La terre est travaillée
Tout autour de ses bords; on perce en cent endroits
A la fois :
D'un morceau de terrain chaque ouvrier se charge :
Courage, allons, point de repos !
L'ouverture jamais ne peut être assez large.

Cela fut bientôt fait. Avant la nuit, les eaux,
Tombant de tout leur poids sur leur digue affaiblie,
    De partout roulent à grands flots.
Transports et compliments de la troupe ébahie,
    Qui s'admire dans ses travaux.
Le lendemain matin, ce ne fut pas de même :
On voit flotter les blés sur un océan d'eau;
Pour sortir du village il faut prendre un bateau;
Tout est perdu, noyé. La douleur est extrême;
On s'en prend aux vieillards. « C'est vous, leur disait-on,
    Qui nous coûtez notre moisson;
Votre maudit conseil... — Il était salutaire,
Répondit un d'entre eux; mais ce qu'on vient de faire
Est fort loin du conseil comme de la raison.
Nous voulions un peu d'eau, vous nous lâchez la bonde;
L'excès d'un très grand bien devient un mal très grand :
    Le sage arrose doucement,
    L'insensé tout de suite inonde. »

LE SANGLIER ET LES ROSSIGNOLS

    Un homme riche, sot et vain,
Qualités qui parfois marchent de compagnie,
Croyait pour tous les arts avoir un goût divin,
Et pensait que son or lui donnait du génie.
Chaque jour à sa table on voyait réunis
Peintres, sculpteurs, savants, artistes, beaux esprits,
    Qui lui prodiguaient les hommages,
Lui montraient des dessins, lui lisaient des ouvrages,

Écoutaient les conseils qu'il daignait leur donner,
Et l'appelaient Mécène en mangeant son dîner.
Se promenant un soir dans son parc solitaire,
Suivi d'un jardinier, homme instruit et de sens,
Il vit un sanglier qui labourait la terre,
Comme ils font quelquefois pour aiguiser leurs dents.
Autour du sanglier les merles, les fauvettes,
Surtout les rossignols, voltigeant, s'arrêtant,
Répétaient à l'envi leurs douces chansonnettes,
    Et le suivaient toujours chantant.
L'animal écoutait l'harmonieux ramage
Avec la gravité d'un docte connaisseur,
Baissait parfois la hure en signe de faveur,
Ou bien, la secouant, refusait son suffrage.
    « Qu'est-ce-ci? dit le financier :
    Comment! les chantres du bocage
Pour leur juge ont choisi cet animal sauvage! —
    Nenni, répond le jardinier :
De la terre par lui fraîchement labourée
Sont sortis plusieurs vers, excellente curée
    Qui seule attire ces oiseaux;
    Ils ne se tiennent à sa suite
    Que pour manger ces vermisseaux,
Et l'imbécile croit que c'est pour son mérite. »

LE RHINOCÉROS ET LE DROMADAIRE

  Un rhinocéros jeune et fort
  Disait un jour au dromadaire :
« Expliquez-moi, s'il vous plaît, mon cher frère,
D'où peut venir pour nous l'injustice du sort.
L'homme, cet animal puissant par son adresse,
Vous recherche avec soin, vous loge, vous chérit,
  De son pain même vous nourrit,
  Et croit augmenter sa richesse
  En multipliant votre espèce.
  Je sais bien que sur votre dos
Vous portez ses enfants, sa femme, ses fardeaux;
Que vous êtes léger, doux, sobre, infatigable;
J'en conviens franchement : mais le rhinocéros
  Des mêmes vertus est capable;
Je crois même, soit dit sans vous mettre en courroux,
  Que tout l'avantage est pour nous :
  Notre corne et notre cuirasse
  Dans les combats pourraient servir.
  Et cependant l'homme nous chasse,
Nous méprise, nous hait, et nous force à le fuir. —
  Ami, répond le dromadaire,
 De notre sort ne soyez point jaloux;
C'est peu de servir l'homme, il faut encor lui plaire.
Vous êtes étonné qu'il nous préfère à vous :
Mais de cette faveur voici tout le mystère,
  Nous savons plier les genoux. »

LE PAON, LES DEUX OISONS ET LE PLONGEON

Un paon faisait la roue, et les autres oiseaux
        Admiraient son brillant plumage;
Deux oisons nasillards, du fond d'un marécage,
        Ne remarquaient que ses défauts.
« Regarde, disait l'un, comme sa jambe est faite,
        Comme ses pieds sont plats, hideux. —
Et son cri, disait l'autre, est si mélodieux,
        Qu'il fait fuir jusqu'à la chouette. »
Chacun riait alors du mot qu'il avait dit.
        Tout à coup un plongeon sortit :
« Messieurs, leur cria-t-il, vous voyez d'une lieue
Ce qui manque à ce paon : c'est bien voir, j'en conviens;
Mais votre chant, vos pieds sont plus laids que les siens,
        Et vous n'aurez jamais sa queue. »

LE HIBOU, LE CHAT, L'OISON ET LE RAT

De jeunes écoliers avaient pris dans un trou
        Un hibou,
    Et l'avaient élevé dans la cour du collège.
        Un vieux chat, un jeune oison,
Nourris par le portier, étaient en liaison
Avec l'oiseau; tous trois avaient le privilège
D'aller et de venir par toute la maison.

A force d'être dans la classe,
Ils avaient orné leur esprit,
Savaient par cœur Denys d'Halicarnasse,
Et tout ce qu'Hérodote et Tite-Live ont dit.
Un soir, en disputant (des docteurs c'est l'usage),
Ils comparaient entre eux les peuples anciens.
« Ma foi, disait le chat, c'est aux Égyptiens
Que je donne le prix. C'était un peuple sage,
Un peuple ami des lois, instruit, discret, pieux,
Rempli de respect pour ses dieux :
Cela seul à mon gré lui donne l'avantage. —
J'aime mieux les Athéniens,
Répondit le hibou : que d'esprit ! que de grâce !
Et dans les combats quelle audace !
Que d'aimables héros parmi leurs citoyens !
A-t-on jamais plus fait avec moins de moyens ?
Des nations c'est la première. —
Parbleu, dit l'oison en colère,
Messieurs, je vous trouve plaisants !
Et les Romains, que vous en semble ?
Est-il un peuple qui rassemble
Plus de grandeur, de gloire et de faits éclatants ?
Dans les arts, comme dans la guerre,
Ils ont surpassé vos amis.
Pour moi, ce sont mes favoris :
Tout doit céder le pas aux vainqueurs de la terre. »
Chacun des trois pédants s'obstine en son avis,
Quand un rat, qui de loin entendait la dispute,
Rat savant, qui mangeait des thèmes dans sa hutte,
Leur cria : « Je vois bien d'où viennent vos débats :
L'Egypte vénérait les chats,

Athène les hiboux, et Rome, au Capitole,
Aux dépens de l'État nourrissait des oisons ;
Ainsi notre intérêt est toujours la boussole
    Que suivent nos opinions. »

LE PARRICIDE

    Un fils avait tué son père.
    Ce crime affreux n'arrive guère
Chez les tigres, les ours ; mais l'homme le commet.
Ce parricide eut l'art de cacher son forfait ;
Nul ne le soupçonna. Farouche et solitaire,
Il fuyait les humains et vivait dans les bois,
Espérant échapper aux remords comme aux lois.
Certain jour, on le vit détruire, à coups de pierre,
    Un malheureux nid de moineaux.
    « Et que vous ont fait ces oiseaux ?
Lui demande un passant : pourquoi tant de colère ? —
    Ce qu'ils m'ont fait ? répond le criminel :
Ces oisillons menteurs, que confonde le Ciel,
Me reprochent d'avoir assassiné mon père. »
Le passant le regarde : il se trouble, il pâlit ;
    Sur son front son crime se lit :
Conduit devant le juge, il l'avoue et l'expie.

    O des vertus dernière amie,
Toi qu'on voudrait en vain éviter ou tromper,
Conscience terrible, on ne peut t'échapper !

LE PERROQUET CONFIANT

Cela ne sera rien, disent certaines gens
    Lorsque la tempête est prochaine :
Pourquoi nous affliger avant que le mal vienne?
Pourquoi? pour l'éviter, s'il en est encor temps.

    Un capitaine de navire,
    Fort brave homme, mais peu prudent,
    Se mit en mer malgré le vent.
    Le pilote avait beau lui dire
    Qu'il risquait sa vie et son bien,
    Notre homme ne faisait qu'en rire,
Et répétait toujours : *Cela ne sera rien.*
    Un perroquet de l'équipage,
    A force d'entendre ces mots,
Les retint, et les dit pendant tout le voyage.
Le navire égaré voguait au gré des flots,
    Quand un calme plat vous l'arrête.
    Les vivres tiraient à leur fin;
Point de terre voisine, et bientôt plus de pain.
Chacun des passagers s'attriste, s'inquiète;
    Notre capitaine se tait.
Cela ne sera rien, criait le perroquet.
Le calme continue; on vit vaille que vaille :
    Il ne reste plus de volaille;
On mange les oiseaux, triste et dernier moyen!
Perruches, cardinaux, cacatois, tout y passe.

Le perroquet, la tête basse,
Disait plus doucement : *Cela ne sera rien.*
Il pouvait encor fuir, sa cage était trouée ;
Il attendit, il fut étranglé bel et bien,
Et, mourant, il criait d'une voix enrouée :
Cela... cela ne sera rien.

LE LION ET LE LÉOPARD

Un valeureux lion, roi d'une immense plaine,
Désirait de la terre une plus grande part,
Et voulait conquérir une forêt prochaine,
    Héritage d'un léopard.
L'attaquer n'était pas chose bien difficile ;
Mais le lion craignait les panthères, les ours,
Qui se trouvaient placés juste entre les deux cours.
Voici comment s'y prit notre monarque habile ;
Au jeune léopard, sous prétexte d'honneur,
    Il députe un ambassadeur ;
C'était un vieux renard. Admis à l'audience
Du jeune roi, d'abord il vante sa prudence,
Son amour pour la paix, sa bonté, sa douceur,
    Sa justice et sa bienfaisance ;
Puis, au nom du lion, propose une alliance
    Pour exterminer tout voisin
    Qui méconnaîtra leur puissance.
Le léopard accepte, et dès le lendemain
    Nos deux héros, sur leurs frontières,
Mangent à qui mieux mieux les ours et les panthères :

Cela fut bientôt fait. Mais quand les rois amis,
    Partageant le pays conquis,
    Fixèrent leurs bornes nouvelles,
    Il s'éleva quelques querelles;
Le léopard lésé se plaignit du lion;
    Celui-ci montra sa denture
    Pour prouver qu'il avait raison :
Bref, on en vint aux coups. La fin de l'aventure
    Fut le trépas du léopard :
    Il apprit alors, un peu tard,
Que contre les lions les meilleures barrières
Sont les petits États des ours et des panthères.

L'ÉCUREUIL, LE CHIEN ET LE RENARD

Un gentil écureuil était le camarade,
    Le tendre ami d'un beau danois.
Un jour qu'ils voyageaient comme Oreste et Pylade,
    La nuit les surprit dans un bois.
En ce lieu point d'auberge; ils eurent de la peine
    A trouver où se bien coucher.
Enfin le chien se mit dans le creux d'un vieux chêne,
Et l'écureuil plus haut grimpa pour se nicher.
    Vers minuit (c'est l'heure des crimes),
    Longtemps après que nos amis,
En se disant bonsoir, se furent endormis,
Voici qu'un vieux renard, affamé de victimes,
Arrive au pied de l'arbre, et, levant le museau,
    Voit l'écureuil sur un rameau.

Il le mange des yeux, humecte de sa langue
Ses lèvres, qui de sang brûlent de s'abreuver.
Mais jusqu'à l'écureuil il ne peut arriver :
  Il faut donc, par une harangue,
L'engager à descendre; et voici son discours :
  « Ami, pardonnez, je vous prie,
Si de votre sommeil j'ose troubler le cours;
Mais le pieux transport dont mon âme est remplie
Ne peut se contenir : je suis votre cousin
    Germain;
Votre mère était sœur de feu mon digne père,
Cet honnête homme, hélas! à son heure dernière,
M'a tant recommandé de chercher son neveu,
  Pour lui donner moitié du peu
Qu'il m'a laissé de bien! Venez donc, mon cher frère,
  Venez, par un embrassement,
Combler le doux plaisir que mon âme ressent.
Si je pouvais monter jusqu'aux lieux où vous êtes,
Oh! j'y serais déjà, soyez-en bien certain. »
  Les écureuils ne sont pas bêtes,
  Et le mien était fort malin.
  Il reconnaît le patelin,
Et répond d'un ton doux : « Je meurs d'impatience
  De vous embrasser, mon cousin;
Je descend, mais, pour mieux lier la connaissance,
Je veux vous présenter mon plus fidèle ami,
Un parent qui prit soin de nourrir mon enfance;
Il dort dans ce trou-là : frappez un peu, je pense
Que vous serez charmé de le connaître aussi. »
  Aussitôt maître renard frappe,
Croyant en manger deux; mais le fidèle chien

S'élance de l'arbre, le happe,
Et vous l'étrangle bel et bien.

Ceci prouve deux points : d'abord qu'il est utile
Dans la douce amitié de placer son bonheur;
Puis, qu'avec de l'esprit il est souvent facile
Au piège qu'il nous tend de surprendre un trompeur.

LE PERROQUET

Un gros perroquet gris, échappé de sa cage,
    Vint s'établir dans un bocage;
Et là, prenant le ton de nos faux connaisseurs,
Jugeant tout, blâmant tout d'un air de suffisance,
Au chant du rossignol il trouvait des longueurs,
    Critiquait surtout sa cadence.
Le linot, selon lui, ne savait pas chanter;
La fauvette aurait fait quelque chose peut-être,
   Si de bonne heure il eût été son maître,
    Et qu'elle eût voulu profiter.
Enfin aucun oiseau n'avait l'art de lui plaire;
Et dès qu'ils commençaient leurs joyeuses chansons,
Par des coups de sifflet répondant à leurs sons,
    Le perroquet les faisait taire.
Lassés de tant d'affronts, tous les oiseaux du bois
Viennent lui dire un jour : « Mais parlez donc, beau sire,
Vous qui sifflez toujours, faites qu'on vous admire.
Sans doute vous avez une brillante voix :
    Daignez chanter pour nous instruire. »

Le perroquet, dans l'embarras,
Se gratte un peu la tête, et finit par leur dire :
« Messieurs, je siffle bien, mais je ne chante pas. »

L'HABIT D'ARLEQUIN

Vous connaissez ce quai nommé de la Ferraille,
Où l'on vend des oiseaux, des hommes et des fleurs :
A mes fables souvent c'est là que je travaille ;
J'y vois des animaux, et j'observe leurs mœurs.
Un jour de mardi gras, j'étais à la fenêtre
    D'un oiseleur de mes amis,
    Quand sur le quai je vis paraître
Un petit arlequin leste, bien fait, bien mis,
Qui, la batte à la main, d'une grâce légère,
Courait après un masque en habit de bergère.
Le peuple applaudissait par des ris, par des cris.
    Tout près de moi, dans une cage,
Trois oiseaux étrangers de différent plumage,
    Perruche, cardinal, serin,
    Regardaient aussi l'arlequin.
La perruche disait : « J'aime peu son visage,
Mais son charmant habit n'eut jamais son égal ;
Il est d'un si beau vert ! — Vert ! dit le cardinal :
    Vous n'y voyez donc pas, ma chère !
    L'habit est rouge assurément ;
    Voilà ce qui le rend charmant. —
    Oh ! pour celui-là, mon compère,
Répondit le serin, vous n'avez pas raison ;

Car l'habit est jaune citron ;
Et c'est ce jaune-là qui fait tout son mérite. —
Il est vert. — Il est jaune. — Il est rouge, morbleu ! »
　　Interrompt chacun avec feu ;
　　Et déjà le trio s'irrite.
« Amis, apaisez-vous, leur crie un bon pivert ;
　　L'habit est jaune, rouge et vert.
Cela vous surprend fort ; voici tout le mystère :
Ainsi que bien des gens d'esprit et de savoir,
Mais qui d'un seul côté regardent une affaire,
　　Chacun de vous ne veut y voir
　　Que la couleur qui sait lui plaire. »

LA VIPÈRE ET LA SANGSUE

La vipère disait un jour à la sangsue :
　　« Que notre sort est différent !
On vous cherche, on me fuit ; si l'on peut, on me tue ;
　　Et vous, aussitôt qu'on vous prend,
　　Loin de craindre votre blessure,
　　L'homme vous donne de son sang
　　Une ample et bonne nourriture ;
Cependant vous et moi faisons même piqûre. »
　　La citoyenne de l'étang
　　Répond : « Oh ! que nenni, ma chère !
La vôtre fait du mal, la mienne est salutaire.
Par moi plus d'un malade obtient sa guérison ;
Par vous tout homme sain trouve une mort cruelle.

Entre nous deux, je crois, la différence est belle;
   Je suis remède, et vous poison. »

   Cette fable aisément s'explique :
   C'est la satire et la critique.

LE PACHA ET LE DERVIS

Un Arabe, à Marseille, autrefois m'a conté
   Qu'un pacha turc dans sa patrie
Vint porter certain jour un coffret cacheté
Au plus sage dervis qui fût en Arabie.
« Ce coffret, lui dit-il, renferme des rubis,
   Des diamants d'un très grand prix :
   C'est un présent que je veux faire
   A l'homme que tu jugeras
   Être le plus fou de la terre.
   Cherche bien, tu le trouveras. »
Muni de son coffret, notre bon solitaire
S'en va courir le monde. Avait-il donc besoin
               D'aller loin?
L'embarras de choisir était sa grande affaire :
Des fous toujours plus fous venaient de toutes parts
   Se présenter à ses regards.
   Notre pauvre dépositaire
Pour l'offrir à chacun saisissait le coffret;
   Mais un pressentiment secret
   Lui conseillait de n'en rien faire,
   L'assurait qu'il trouverait mieux.

Errant ainsi de lieux en lieux,
Embarrassé de son message,
Enfin, après un long voyage,
Notre homme et le coffret arrivent un matin
Dans la ville de Constantin.
Il trouve tout le peuple en joie :
« Que s'est-il donc passé ? — Rien, lui dit un iman;
C'est notre grand vizir que le sultan envoie,
Au moyen d'un lacet de soie,
Porter au prophète un firman.
Le peuple rit toujours de ces sortes d'affaires;
Et comme ce sont des misères,
Notre empereur souvent lui donne ce plaisir. —
Souvent? — Oui. — C'est fort bien. Votre nouveau vizir
Est-il nommé ? — Sans doute, et le voilà qui passe. »
Le dervis, à ces mots, court, traverse la place,
Arrive et reconnaît le pacha son ami.
« Bon ! te voilà, dit celui-ci :
Et le coffret ? — Seigneur, j'ai parcouru l'Asie;
J'ai vu des fous parfaits, mais sans oser choisir.
Aujourd'hui ma course est finie :
Daignez l'accepter, grand vizir. »

LE LABOUREUR DE CASTILLE

Le plus aimé des rois est toujours le plus fort :
En vain la fortune l'accable;
En vain mille ennemis, ligués avec le sort,
Semblent lui présager sa perte inévitable;

L'amour de ses sujets, colonne inébranlable,
  Rend inutile leur effort.
Le petit-fils d'un roi grand par son malheur même,
Philippe, sans argent, sans troupes, sans crédit,
  Chassé par l'Anglais de Madrid,
  Croyait perdu son diadème.
Il fuyait presque seul, déplorant son malheur ;
Tout à coup à ses yeux s'offre un vieux laboureur,
Homme franc, simple et droit, aimant plus que sa vie
Ses enfants et son roi, sa femme et sa patrie,
Parlant peu de vertu, la pratiquant beaucoup,
Riche et pourtant aimé, cité dans les Castilles
  Comme l'exemple des familles.
  Son habit, filé par ses filles,
  Était ceint d'une peau de loup.
Sous un large chapeau, sa tête bien à l'aise
Faisait voir des yeux vifs et des traits basanés,
  Et ses moustaches, de son nez,
  Descendaient jusque sur sa fraise.
Douze fils le suivaient, tous grands, beaux, vigoureux.
Un mulet chargé d'or était au milieu d'eux.
  Cet homme, dans cet équipage,
Devant le roi s'arrête, et lui dit : « Où vas-tu?
  Un revers t'a-t-il abattu?
Vainement l'archiduc a sur toi l'avantage;
C'est toi qui régneras, car c'est toi qu'on chérit.
  Qu'importe qu'on t'ait pris Madrid?
Notre amour t'est resté, nos corps sont tes murailles;
Nous périrons pour toi dans les champs de l'honneur.
  Le hasard gagne les batailles;
Mais il faut des vertus pour gagner notre cœur.

u l'as, tu régneras. Notre argent, notre vie,
Tout est à toi, prends tout. Grâces à quarante ans
    De travail et d'économie,
Je peux t'offrir cet or. Voici mes douze enfants,
Voilà douze soldats : malgré mes cheveux blancs,
Je ferai le treizième ; et, la guerre finie,
Lorsque tes généraux, tes officiers, tes grands
Viendront te demander, pour prix de leur service,
    Des biens, des honneurs, des rubans,
Nous ne demanderons que repos et justice :
C'est tout ce qu'il nous faut. Nous autres pauvres gens,
Nous fournissons au roi du sang et des richesses ;
    Mais, loin de briguer ses largesses,
    Moins il donne, et plus nous l'aimons.
Quand tu seras heureux, nous fuirons ta présence,
    Nous te bénirons en silence ;
    On t'a vaincu, nous te cherchons. »
Il dit, tombe à genoux. D'une main paternelle
Philippe le relève en poussant des sanglots ;
Il presse dans ses bras ce sujet si fidèle,
Veut parler, et ses pleurs interrompent ses mots.
    Bientôt, selon la prophétie
  Du bon vieillard, Philippe fut vainqueur,
    Et sur le trône d'Ibérie
    N'oublia point le laboureur.

LA FAUVETTE ET LE ROSSIGNOL

Une fauvette, dont la voix
Enchantait les échos de sa douceur extrême,
Espéra surpasser le rossignol lui-même,
Et lui fit un défi. L'on choisit dans le bois
Un lieu propre au combat; les juges se placèrent;
    C'étaient le linot, le serin,
    Le rouge-gorge et le tarin.
Tous les autres oiseaux derrière eux se perchèrent.
Deux vieux chardonnerets et deux jeunes pinsons
Furent gardes du camp; le merle était trompette,
Il donne le signal. Aussitôt la fauvette
    Fait entendre les plus doux sons;
    Avec adresse elle varie
De ses accents filés la touchante harmonie,
Et ravit tous les cœurs par ses tendres chansons :
L'assemblée applaudit. Bientôt on fait silence;
    Alors le rossignol commence :
    Trois accords purs, égaux, brillants,
Que termine une juste et parfaite cadence,
    Sont le prélude de ses chants.
    Ensuite son gosier flexible,
Parcourant sans efforts tous les tons de sa voix,
Tantôt vif et pressé, tantôt lent et sensible,
    Étonne et ravit à la fois.
Les juges cependant demeuraient en balance;
Le linot, le serin, de la fauvette amis,

      Ne voulaient point donner le prix;
Les autres disputaient. L'assemblée en silence
      Écoutait leurs doctes avis,
Lorsqu'un geai s'écria : « Victoire à la fauvette ! »
      Ce mot décida sa défaite :
      Pour le rossignol aussitôt
L'aréopage ailé tout d'une voix s'explique.

      Ainsi le suffrage d'un sot
      Fait plus de mal que sa critique.

L'AVARE ET SON FILS

      Par je ne sais quelle aventure,
Un avare, un beau jour voulant se bien traiter,
      Au marché courut acheter
      Des pommes pour sa nourriture.
      Dans son armoire il les porta,
      Les compta, rangea, et recompta,
Ferma les doubles tours de sa double serrure,
      Et chaque jour les visita.
      Ce malheureux, dans sa folie,
      Les bonnes pommes ménageait;
Mais lorsqu'il en trouvait quelqu'une de pourrie,
      En soupirant il la mangeait.
Son fils, jeune écolier, faisant fort maigre chère,
Découvrit à la fin les pommes de son père.
Il attrape les clefs, et va dans ce réduit,
Suivi de deux amis d'excellent appétit.

Or vous pouvez juger le dégât qu'ils y firent,
    Et combien de pommes périrent !
    L'avare arrive en ce moment,
    De douleur, d'effroi palpitant :
« Mes pommes ! criait-il : coquins, il faut les rendre
    Ou je vais tous vous faire pendre. —
Mon père, dit le fils, calmez-vous, s'il vous plaît ;
    Nous sommes d'honnêtes personnes.
    Et quel tort vous avons-nous fait ?
    Nous n'avons mangé que les bonnes. »

LA GUENON, LE SINGE ET LA NOIX

    Une jeune guenon cueillit
    Une noix dans sa coque verte ;
Elle y porte la dent, fait la grimace... « Ah ! certe,
    Dit-elle, ma mère mentit
Quand elle m'assura que les noix étaient bonnes.
Puis croyez aux discours de ces vieilles personnes
Qui trompent la jeunesse ! Au diable soit le fruit ! »
Elle jette la noix. Un singe la ramasse,
    Vite entre deux cailloux la casse,
    L'épluche, la mange, et lui dit :
    « Votre mère eut raison, ma mie,
Les noix ont fort bon goût ; mais il faut les ouvrir.
    Souvenez-vous que, dans la vie,
Sans un peu de travail on n'a point de plaisir. »

LE LAPIN ET LA SARCELLE

Uni dès leurs jeunes ans
D'une amitié fraternelle,
Un lapin, une sarcelle
Vivaient heureux et contents.
Le terrier du lapin était sur la lisière
D'un parc bordé d'une rivière.
Soir et matin nos bons amis,
Profitant de ce voisinage,
Tantôt au bord de l'eau, tantôt sous le feuillage,
L'un chez l'autre étaient réunis.
Là, prenant leurs repas, se contant des nouvelles,
Ils n'en trouvaient point de si belles,
Que de se répéter qu'ils s'aimeraient toujours.
Ce sujet revenait sans cesse en leurs discours.
Tout était en commun, plaisir, chagrin, souffrance :
Ce qui manquait à l'un, l'autre le regrettait ;
Si l'un avait du mal, son ami le sentait ;
Si d'un bien, au contraire, il goûtait l'espérance,
Tous deux en jouissaient d'avance.
Tel était leur destin, lorsqu'un jour, jour affreux!
Le lapin, pour dîner, venant chez la sarcelle,
Ne la retrouve plus ; inquiet, il l'appelle ;
Personne ne répond à ses cris douloureux.
Le lapin, de frayeur l'âme toute saisie,
Va, vient, fait mille tours, cherche dans les roseaux,
S'incline par-dessus les flots,

Et voudrait s'y plonger pour trouver son amie.
« Hélas, s'écriait-il, m'entends-tu? réponds-moi.
  Ma sœur, ma compagne chérie,
  Ne prolonge pas mon effroi :
Encor quelques moments, c'en est fait de ma vie :
J'aime mieux expirer que de trembler pour toi. »
  Disant ces mots, il court, il pleure,
  Et, s'avançant le long de l'eau,
  Arrive enfin près du château
  Où le seigneur du lieu demeure.
  Là notre désolé lapin
  Se trouve au milieu d'un parterre,
  Et voit une grande volière
Où mille oiseaux divers volaient sur un bassin.
  L'amitié donne du courage.
Notre ami, sans rien craindre, approche du grillage,
Regarde, et reconnaît, ô tendresse! ô bonheur!
La sarcelle : aussitôt il pousse un cri de joie;
Et, sans perdre de temps à consoler sa sœur,
  De ses quatre pieds il s'emploie
  A creuser un secret chemin
Pour joindre son amie; et, par ce souterrain,
Le lapin tout à coup entre dans la volière,
Comme un mineur qui prend une place de guerre.
Les oiseaux effrayés se pressent en fuyant.
Lui court à la sarcelle, il l'entraîne à l'instant
Dans son obscur sentier, la conduit sous la terre;
Et, la rendant au jour, il est prêt à mourir
   De plaisir.
Quel moment pour tous deux! Que ne sais-je le peindre
  Comme je saurais le sentir!

Nos bons amis croyaient n'avoir plus rien à craindre ;
Ils n'étaient pas au bout. Le maître du jardin,
En voyant le dégât commis dans sa volière,
Jure d'exterminer jusqu'au dernier lapin.
« Mes fusils, mes furets ! » criait-il en colère.
  Aussitôt fusils et furets
   Sont tous prêts.
Les gardes et les chiens vont dans les jeunes tailles,
  Fouillant les terriers, les broussailles ;
Tout lapin qui paraît trouve un affreux trépas ;
Les rivages du Styx sont bordés de leurs mânes :
  Dans le funeste jour de Cannes,
  On mit moins de Romains à bas.
La nuit vient ; tant de sang n'a point éteint la rage
Du seigneur, qui remet au lendemain matin
  La fin de l'horrible carnage.
  Pendant ce temps, notre lapin,
Tapi sous des roseaux auprès de la sarcelle,
  Attendait, en tremblant, la mort,
Mais conjurait sa sœur de fuir à l'autre bord,
  Pour ne pas mourir devant elle.
« Je ne te quitte point, lui répondait l'oiseau :
Nous séparer serait la mort la plus cruelle.
  Ah ! si tu pouvais passer l'eau ! —
Pourquoi pas ? — Attends-moi… » La sarcelle le quitte,
  Et revient, traînant un vieux nid
Laissé par des canards. Elle l'emplit bien vite
De feuilles, de roseaux, les presse, les unit
Des pieds, du bec ; en forme un batelet capable
  De supporter un lourd fardeau ;
  Puis elle attache à ce vaisseau

Un brin de jonc, qui servira de câble.
    Cela fait, et le bâtiment
Mis à l'eau, le lapin entre tout doucement
Dans le léger esquif, s'assied sur son derrière,
Tandis que devant lui la sarcelle nageant
Tire le brin de jonc, et s'en va dirigeant
    Cette nef à son cœur si chère.
On aborde, on débarque ; et jugez du plaisir !
    Non loin du port on va choisir
Un asile où, coulant des jours dignes d'envie,
    Nos bons amis, libres, heureux,
    Aimèrent d'autant plus la vie
    Qu'ils se la devaient tous les deux.

PAN ET LA FORTUNE

Un jeune grand seigneur à des jeux de hasard
    Avait perdu sa dernière pistole,
    Et puis joué sur sa parole.
    Il fallait payer sans retard :
    Les dettes du jeu sont sacrées.
    On peut faire attendre un marchand,
    Un ouvrier, un indigent
    Qui nous a fourni ses denrées ;
Mais un escroc, l'honneur veut qu'au même moment
    On le paye, et très poliment.
    La loi par eux fut ainsi faite.
Notre jeune seigneur, pour acquitter sa dette,
    Ordonne une coupe de bois.

Aussitôt les ormes, les frênes,
Et les hêtres touffus, et les antiques chênes,
   Tombent l'un sur l'autre à la fois.
Les faunes, les sylvains, désertent les bocages ;
Les dryades en pleurs regrettent leurs ombrages ;
   Et le dieu Pan, dans sa fureur,
Instruit que le jeu seul a causé ces ravages,
S'en prend à la Fortune : « O mère du malheur !
   Dit-il, infernale furie !
Tu troubles à la fois les mortels et les dieux ;
Tu te plais dans le mal, et ta rage ennemie... »
   Il parlait, lorsque dans ces lieux
   Tout à coup paraît la déesse.
« Calme, dit-elle à Pan, le chagrin qui te presse,
   Je n'ai point causé tes malheurs :
Même aux jeux de hasard, avec certains joueurs,
   Je ne fais rien. — Qui donc fait tout ? — L'adresse. »

LES DEUX CHAUVES

Un jour, deux chauves dans un coin
   Virent briller certain morceau d'ivoire.
Chacun d'eux veut l'avoir ; dispute et coups de poing.
Le vainqueur y perdit, comme vous pouvez croire,
Le peu de cheveux gris qui lui restaient encor.
   Un peigne était le beau trésor
   Qu'il eut pour prix de sa victoire.

LE CHAT ET LES RATS

Un angora que sa maîtresse
Nourrissait de mets délicats,
Ne faisait plus la guerre aux rats,
Et les rats, connaissant sa bonté, sa paresse,
Allaient, trottaient partout, et ne se gênaient pas.
Un jour, dans un grenier retiré, solitaire,
Où notre chat dormait après un bon festin,
    Plusieurs rats viennent dans le grain
    Prendre leur repas ordinaire.
L'angora ne bougeait. Alors mes étourdis
Pensent qu'ils lui font peur; l'orateur de la troupe
    Parle des chats avec mépris.
    On applaudit fort, on s'attroupe,
    On le proclame général.
Grimpé sur un boisseau qui sert de tribunal :
« Braves amis, dit-il, courons à la vengeance.
De ce grain désormais nous devons être las ;
Jurons de ne manger désormais que des chats :
On les dit excellents, nous en ferons bombance. »
A ces mots, partageant son belliqueux transport,
Chaque nouveau guerrier sur l'angora s'élance,
    Et réveille le chat qui dort.
Celui-ci, comme on croit, dans sa juste colère,
    Couche bientôt sur la poussière
    Général, tribuns et soldats.
    Il ne s'échappa que deux rats,

Qui disaient en fuyant bien vite à leur tanière :
 « Il ne faut point pousser à bout
 L'ennemi le plus débonnaire :
On perd ce que l'on tient, quand on veut gagner tout. »

LE MIROIR DE LA VÉRITÉ

Dans le beau siècle d'or, quand les premiers humains,
 Au milieu d'une paix profonde,
 Coulaient des jours purs et sereins,
 La Vérité courait le monde,
 Avec son miroir dans les mains.
Chacun s'y regardait, et le miroir sincère
Retraçait à chacun son plus secret désir,
 Sans jamais le faire rougir.
 Temps heureux qui ne dura guère !
L'homme devint bientôt méchant et criminel.
 La Vérité s'enfuit au ciel,
En jetant de dépit son miroir sur la terre.
 Le pauvre miroir se cassa.
Les débris, qu'au hasard la chute dispersa,
 Furent perdus pour le vulgaire.
Plusieurs siècles après on en connut le prix ;
Et c'est depuis ce temps que l'on voit plus d'un sage
 Chercher avec soin ces débris,
Les retrouver parfois ; mais ils sont si petits,
 Que personne n'en fait usage.
 Hélas ! le sage le premier
 Ne s'y voit jamais tout entier.

LES DEUX PAYSANS ET LE NUAGE

« Guillot, disait un jour Lucas
D'une voix triste et lamentable,
Ne vois-tu pas venir là-bas
Ce gros nuage noir? C'est la marque effroyable
Du plus grand des malheurs.-Pourquoi? répond Guillot.-
Pourquoi? Regarde donc : ou je ne suis qu'un sot,
Ou ce nuage est de la grêle
Qui va tout abîmer, vigne, avoine, froment;
Toute la récolte nouvelle
Sera détruite en un moment.
Il ne restera rien; le village en ruine
Dans trois mois aura la famine,
Puis la peste viendra, puis nous périrons tous. —
La peste, dit Guillot : doucement, calmez-vous;
Je ne vois point cela, compère :
Et, s'il faut vous parler selon mon sentiment,
C'est que je vois tout le contraire;
Car ce nuage assurément
Ne porte point de grêle, il porte de la pluie.
La terre est sèche dès longtemps,
Il va bien arroser nos champs;
Toute notre récolte en doit être embellie.
Nous aurons le double de foin,
Moitié plus de froment, de raisins abondance;
Nous serons tous dans l'opulence,
Et rien, hors les tonneaux, ne nous fera besoin. —

C'est bien voir que cela ! dit Lucas en colère. —
Mais chacun a ses yeux, lui répondit Guillot. —
Oh ! puisqu'il est ainsi, je ne dirai plus mot :
　　Attendons la fin de l'affaire :
Rira bien qui rira le dernier. — Dieu merci,
　　Ce n'est pas moi qui pleure ici. »
Ils s'échauffaient tous deux ; déjà, dans leur furie,
Ils allaient se gourmer, lorsqu'un souffle de vent
Emporta loin de là le nuage effrayant :
　　Ils n'eurent ni grêle ni pluie.

LE COQ FANFARON

　　Il fait bon battre un glorieux :
Des revers qu'il éprouve il est toujours joyeux ;
Toujours sa vanité trouve dans sa défaite
　　Un moyen d'être satisfaite.

　　Un coq sans force et sans talent
　　Jouissait, on ne sait comment,
　　D'une certaine renommée.
Cela se voit, dit-on, chez la gent emplumée,
Et chez d'autres encore. Insolent comme un sot,
Notre coq traita mal un poulet de mérite.
　　La jeunesse aisément s'irrite :
Le poulet offensé le provoque aussitôt,
Et, le cou tout gonflé, sur lui se précipite.
　　Dans l'instant le coq orgueilleux
Est battu, déplumé, reçoit mainte blessure ;

Et si l'on n'eût fini ce combat dangereux,
    Sa mort terminait l'aventure.
Quand le poulet fut loin, le coq, en s'épluchant,
Disait : « Cet enfant-là m'a montré du courage ;
    J'ai beaucoup ménagé son âge,
    Mais de lui je suis fort content. »
Un coq, vieux et cassé, témoin de cette histoire,
    La répandit et s'en moqua.
    Notre fanfaron l'attaqua,
Croyant facilement remporter la victoire.
Le brave vétéran, de lui trop mal connu,
En quatre coups de bec lui partage la crête,
Le dépouille en entier des pieds jusqu'à la tête,
    Et le laisse là presque nu.
    Alors notre coq, sans se plaindre,
Dit : « C'est un bon vieillard ; j'en ai bien peu souffert :
    Mais je le trouve encor vert ;
Et dans son jeune temps il devait être à craindre. »

LE BERGER ET LE ROSSIGNOL

A M. L'ABBÉ DELILLE

O toi dont la touchante et sublime harmonie
Charme toujours l'oreille en attachant le cœur,
    Digne rival, souvent vainqueur,
    Du chantre fameux d'Ausonie,
Delille, ne crains rien ; sur mes légers pipeaux
Je ne viens point ici célébrer tes travaux,

Ni dans de faibles vers parler de poésie.
   Je sais que l'immortalité
Qui t'est déjà promise au temple de Mémoire
   T'est moins chère que ta gaîté ;
Je sais que, méritant tes succès sans y croire,
Content par caractère et non par vanité,
   Tu te fais pardonner ta gloire
   A force d'amabilité :
C'est ton secret ; aussi je finis ce prologue.
   Mais du moins lis mon apologue :
Et si quelque envieux, quelque esprit de travers,
   Outrageant un jour tes beaux vers,
Te donne assez d'humeur pour t'empêcher d'écrire,
Je te demande alors de vouloir le relire.

Dans une belle nuit du charmant mois de mai,
Un berger contemplait, du haut d'une colline,
La lune promenant sa lumière argentine
Au milieu d'un ciel pur d'étoiles parsemé ;
Le tilleul odorant, le lilas, l'aubépine,
Au gré du doux zéphyr balançant leurs rameaux ;
   Et les ruisseaux, dans les pairies,
   Brisant sur des rives fleuries
   Le cristal de leurs claires eaux.
   Un rossignol, dans le bocage,
Mêlait ses doux accents à ce calme enchanteur :
L'écho les répétait, et notre heureux pasteur,
Transporté de plaisir, écoutait son ramage.
Mais tout à coup l'oiseau finit ses tendres sons.
   En vain le berger le supplie
   De continuer ses chansons :

« Non, dit le rossignol, c'en est fait pour la vie ;
Je ne troublerai plus ces paisibles forêts.
    N'entends-tu pas dans ce marais
    Mille grenouilles coassantes,
Qui, par des cris affreux, insultent à mes chants ?
Je cède, et reconnais que mes faibles accents
Ne peuvent l'emporter sur leurs voix glapissantes.
Ami, dit le berger, tu vas combler leurs vœux ;
Te taire est le moyen qu'on les écoute mieux :
Je ne les entends plus aussitôt que tu chantes. »

LES DEUX LIONS

Sur les bords africains, aux lieux inhabités
Où le char du soleil roule en brûlant la terre,
Deux énormes lions, de la soif tourmentés,
Arrivèrent au pied d'un palmier solitaire.
Un filet d'eau coulait, faible et dernier effort
    De quelque naïade expirante.
    Les deux lions courent d'abord
    Au bruit de cette eau murmurante.
Ils pouvaient boire ensemble ; et la fraternité,
Le besoin, leur donnaient ce conseil salutaire :
    Mais l'orgueil disait le contraire,
    Et l'orgueil fut seul écouté.
Chacun veut boire seul : d'un œil plein de colère
    L'un l'autre ils vont se mesurant,
Hérissent de leur cou l'ondoyante crinière ;
De leur terrible queue ils se frappent les flancs,

Et s'attaquent avec de tels rugissements,
Qu'à ce bruit, dans le fond de leur sombre tanière,
Les tigres d'alentour vont se cacher tremblants.
    Égaux en vigueur, en courage,
Ce combat fut plus long qu'aucun de ces combats
Qui d'Achille ou d'Hector signalèrent la rage;
    Car les dieux ne s'en mêlaient pas.
Après une heure ou deux d'efforts et de morsures,
Nos héros, fatigués, déchirés, haletants,
    S'arrêtèrent en même temps.
    Couverts de sang et de blessures,
    N'en pouvant plus, morts à demi,
Se traînant sur le sable, à la source ils vont boire;
Mais, pendant le combat, la source avait tari.
Ils expirent auprès.

        Vous lisez votre histoire,
Malheureux insensés, dont les divisions,
    L'orgueil, les fureurs, la folie,
Consument en douleurs le moment de la vie :
    Hommes, vous êtes ces lions;
    Vos jours, c'est l'eau qui s'est tarie.

LE PROCÈS DES DEUX RENARDS

    Que je hais cet art de pédant,
      Cette logique captieuse,
Qui d'une chose claire en fait une douteuse,
D'un principe erroné tire subtilement.

Une conséquence trompeuse,
Et raisonne en déraisonnant !
Les Grecs ont inventé cette belle manière :
Ils ont fait plus de mal qu'ils ne croyaient en faire.
Que Dieu leur donne paix !

Il s'agit d'un renard,
Grand argumentateur, célèbre babillard,
Et qui montrait la rhétorique.
Il tenait l'école publique,
Avait des écoliers qui payaient en poulets.
Un d'eux, qu'on destinait à plaider au palais,
Devait payer son maître à la première cause
Qu'il gagnerait : ainsi la chose
Avait été réglée et d'une et d'autre part.
Son cours étant fini, mon écolier renard
Intente un procès à son maître,
Disant qu'il ne doit rien. Devant le léopard
Tous les deux s'en vont comparaître.
« Monseigneur, disait l'écolier,
Si je gagne, c'est clair, je ne dois rien payer ;
Si je perds, nulle est sa créance :
Car il convient que l'échéance
N'en devait arriver qu'après
Le gain de mon premier procès :
Or, ce procès perdu, je suis quitte, je pense :
Mon dilemme est certain. — Nenni,
Répondait aussitôt le maître :
Si vous perdez, payez ; la loi l'ordonne ainsi,
Si vous gagnez, sans plus remettre,
Payez ; car vous avez signé

Promesse de payer au premier plaid gagné,
Vous y voilà. Je crois l'argument sans réponse. »
Chacun attend alors que le juge prononce,
    Et l'auditoire s'étonnait
    Qu'il n'y jetât pas son bonnet.
Le léopard rêveur prit enfin la parole :
« Hors de cour, leur dit-il : défense à l'écolier
    De continuer son métier ;
    Au maître, de tenir école. »

L'ANE ET LA FLUTE

    Les sots sont un peuple nombreux,
      Trouvant toutes ses faciles :
Il faut le leur passer, souvent ils sont heureux ;
    Grand motif de se croire habiles.

    Un âne, en broutant ses chardons,
Regardait un pasteur jouant, sous le feuillage,
    D'une flûte dont les doux sons
Attiraient et charmaient les bergers du bocage.
Cet âne mécontent disait : « Ce monde est fou !
    Les voilà tous, bouche béante,
Admirant un grand sot qui sue et se tourmente
    A souffler dans un petit trou.
C'est par de tels efforts qu'on parvient à leur plaire ;
Tandis que moi... Suffit... Allons-nous-en d'ici :
    Car je me sens trop en colère. »
    Notre âne, en raisonnant ainsi,

Avance quelques pas, lorsque, sur la fougère,
Une flûte, oubliée en ces champêtres lieux
    Par quelque pasteur amoureux,
Se trouve sous ses pieds. Notre âne se redresse,
Sur elle de côté fixe ses deux gros yeux ;
Une oreille en avant lentement il se baisse,
Applique son museau sur le pauvre instrument,
Et souffle tant qu'il peut. O hasard incroyable !
    Il en sort un son agréable.
    L'âne se croit un grand talent,
Et, tout joyeux, s'écrie, en faisant la culbute :
    « Eh ! je joue aussi de la flûte. »

JUPITER ET MINOS

« Mon fils, disait un jour Jupiter à Minos,
    Toi qui juges la race humaine,
Explique-moi pourquoi l'enfer suffit à peine
Aux nombreux criminels que t'envoie Atropos.
Quel est de la vertu le fatal adversaire
Qui corrompt à ce point la faible humanité ?
C'est, je crois, l'intérêt.—L'intérêt ? Non, mon père.—
    Et qu'est-ce donc ? — L'oisiveté. »

LE PETIT CHIEN

La vanité nous rend aussi dupes que sots.
    Je me souviens, à ce propos
Qu'au temps jadis, après une sanglante guerre
    Où, malgré les plus beaux exploits,
    Maint lion fut couché par terre,
    L'éléphant régna dans les bois.
    Le vainqueur, politique habile,
    Voulant prévenir désormais
Jusqu'au moindre sujet de discorde civile,
De ses vastes États exila pour jamais
La race des lions, son ancienne ennemie.
L'édit fut proclamé. Les lions affaiblis,
Se soumettant au sort qui les avait trahis,
    Abandonnent tous leur patrie.
Ils ne se plaignent pas, ils gardent dans leur cœur
    Et leur courage et leur douleur.
Un bon vieux petit chien, de la charmante espèce
De ceux qui vont portant jusqu'au milieu du dos
    Une toison tombant à flots,
    Exhalait ainsi sa tristesse :
« Il faut donc vous quitter, ô pénates chéris !
    Un barbare, à l'âge où je suis,
M'oblige à renoncer aux lieux qui m'ont vu naître.
Sans appui, sans secours, dans un pays nouveau,
Je vais, les yeux en pleurs, demander un tombeau
    Qu'on me refusera peut-être.

O tyran, tu le veux ! allons, il faut partir. »
Un barbet l'entendit ; touché de sa misère :
« Quel motif, lui dit-il, peut t'obliger à fuir ? —
Ce qui m'y force, ô ciel ! Et cet édit sévère
Qui nous chasse à jamais de cet heureux canton?...—
Nous?-Non pas vous,mais moi.-Comment ! toi,mon cher frère:
Qu'as-tu donc de commun... — Plaisante question !
    Eh ! ne suis-je pas un lion[1] ? »

LE LÉOPARD ET L'ÉCUREUIL

Un écureuil sautant, gambadant sur un chêne,
Manqua sa branche, et vint, par un triste hasard,
    Tomber sur un vieux léopard
    Qui faisait sa méridienne.
Vous jugez s'il eut peur ! En sursaut s'éveillant,
    L'animal irrité se dresse :
    Et l'écureuil, s'agenouillant,
Tremble et se fait petit aux pieds de Son Altesse.
    Après l'avoir considéré,
Le léopard lui dit : « Je te donne la vie,
Mais à la condition que de toi je saurai
Pourquoi cette gaîté, ce bonheur que j'envie,
Embellissent tes jours, ne te quittent jamais,
    Tandis que moi, roi des forêts,
    Je suis si triste et je m'ennuie. —

[1] La petite espèce de chien dont on veut parler porte le nom de chien-lion.

Sire, lui répond l'écureuil,
Je dois à votre bon accueil
La vérité ; mais, pour la dire,
Sur cet arbre un peu haut je voudrais être assis.
— Soit, j'y consens : monte. — J'y suis.
A présent je peux vous instruire.
Mon grand secret pour être heureux,
C'est de vivre dans l'innocence :
L'ignorance du mal fait toute ma science ;
Mon cœur est toujours pur, cela rend bien joyeux.
Vous ne connaissez pas la volupté suprême
De dormir sans remords ; vous mangez les chevreuils,
Tandis que je partage à tous les écureuils
Mes feuilles et mes fruits ; vous haïssez, et j'aime :
Tout est dans ces deux mots. Soyez bien convaincu
De cette vérité que je tiens de mon père :
Lorsque notre bonheur nous vient de la vertu,
La gaîté vient bientôt de notre caractère. »

LA CHENILLE

Un jour, causant entre eux, différents animaux
Louaient beaucoup le ver à soie.
« Quel talent, disaient-ils, cet insecte déploie
En composant ces fils si doux, si fins, si beaux,
Qui de l'homme font la richesse ! »
Tous vantaient son travail, exaltaient son adresse.
Une chenille seule y trouvait des défauts,
Aux animaux surpris en faisait la critique,

Disait des mais, et puis des si.
Un renard s'écria : « Messieurs, cela s'explique ;
C'est que madame file aussi. »

LA SAUTERELLE

« C'en est fait, je quitte le monde ;
Je veux fuir pour jamais le spectacle odieux
Des crimes, des horreurs dont sont blessés mes yeux.
　　Dans une retraite profonde,
　　Loin des vices, loin des abus,
Je passerai mes jours doucement à maudire
　　Les méchants, de moi trop connus.
　　Seule ici-bas j'ai des vertus :
Aussi pour ennemi j'ai tout ce qui respire ;
Tout l'univers m'en veut ; homme, enfants, animaux,
　　Jusqu'au plus petit des oiseaux,
　　Tous sont occupés de me nuire.
Et qu'ai-je fait pourtant?... Que du bien. Les ingrats!
Ils me regretteront, mais après mon trépas. »
Ainsi se lamentait certaine sauterelle,
　　Hypocondre, et n'estimant qu'elle.
　　« Où prenez-vous cela, ma sœur ?
　　Lui dit une de ses compagnes.
Quoi ! vous ne pouvez pas vivre dans ces campagnes
En broutant de ces prés la douce et tendre fleur,
Sans vous embarrasser des affaires du monde ?
　　Je sais qu'en travers il abonde ;
Il fut ainsi toujours, et toujours il sera ;

Ce que vous en direz grand'chose n'y fera.
D'ailleurs, où vit-on mieux? Quant à votre colère
Contre ces ennemis qui n'en veulent qu'à vous,
  Je pense, ma sœur, entre nous,
  Que c'est peut-être une chimère,
Et que l'orgueil souvent donne ces visions. »
Dédaignant de répondre à ces sottes raisons,
La sauterelle part, et sort de la prairie,
   Sa patrie.
Elle sauta deux jours pour faire deux cents pas.
Alors elle se croit au bout de l'hémisphère,
Chez un peuple inconnu, dans de nouveaux États ;
  Elle admire ces beaux climats,
Salue avec respect cette rive étrangère.
  Près de là, des épis nombreux,
Sur de longs chalumeaux, à six pieds de la terre,
Ondoyants et pressés, se balançaient entre eux.
  « Ah! que voilà bien mon affaire !
Dit-elle avec transport : dans ces sombres taillis
Je trouverai sans doute un désert solitaire ;
C'est un asile sûr contre mes ennemis. »
La voilà dans le blé ; mais, dès l'aube suivante,
  Voici venir les moissonneurs.
  Leur troupe nombreuse et bruyante
S'étend en demi-cercle ; et, parmi les clameurs,
  Les ris, les chants des jeunes filles,
Les épis entassés tombent sous les faucilles,
La terre se découvre, et les blés abattus
  Laissent voir les sillons tout nus.
« Pour le coup, s'écriait la triste sauterelle,
Voilà qui prouve bien la haine universelle

Qui partout me poursuit ! à peine en ce pays
A-t-on su que j'étais, qu'un peuple d'ennemis
    S'en vient pour chercher sa victime.
    Dans la fureur qui les anime,
Employant contre moi les plus affreux moyens,
De peur que j'en échappe, ils ravagent leurs biens :
Ils y mettraient le feu, s'il était nécessaire.
Eh ! Messieurs, me voilà, dit-elle en se montrant ;
    Finissez un travail si grand :
    Je me livre à votre colère. »
    Un moissonneur, dans ce moment,
Par hasard la distingue : il se baisse, la prend,
Et dit, en la jetant dans une herbe fleurie :
    « Va manger, ma petite amie. »

LA GUÊPE ET L'ABEILLE

Dans le calice d'une fleur
La guêpe un jour voyant l'abeille,
S'approche en l'appelant sa sœur.
Ce nom sonne mal à l'oreille
De l'insecte plein de fierté,
Qui lui répond : « Nous, sœurs, ma mie !
Depuis quand cette parenté ? —
Mais c'est depuis toute la vie,
Lui dit la guêpe avec courroux.
Considérez-moi, je vous prie :
J'ai des ailes tout comme vous,
Même taille, même corsage ;

Et s'il vous en faut davantage,
Nos dards sont aussi ressemblants. —
Il est vrai ! répliqua l'abeille ;
Nous avons une arme pareille,
Mais pour des emplois différents.
La vôtre sert votre insolence,
La mienne repousse l'offense :
Vous provoquez, je me défends. »

LE CHIEN COUPABLE

« Mon frère, sais-tu la nouvelle ?
Mouflar, le bon Mouflar, de nos chiens le modèle,
Si redouté des loups, si soumis au berger,
    Mouflar vient, dit-on, de manger
Le petit agneau noir, puis la brebis sa mère,
Et puis sur le berger s'est jeté furieux. —
    Serait-il vrai ? — Très vrai, mon frère. —
    A qui donc se fier, grands dieux ? »
C'est ainsi que parlaient deux moutons dans la plaine,
    Et la nouvelle était certaine.
    Mouflar, sur le fait même pris,
    N'attendait plus que le supplice ;
Et le fermier voulait qu'une prompte justice
    Effrayât les chiens du pays.
  La procédure en un jour est finie.
Mille témoins pour un déposent l'attentat :
Récolés, confrontés, aucun d'eux ne varie ;
Mouflar est convaincu du triple assassinat :

Mouflar recevra donc deux balles dans la tête,
    Sur le lieu même du délit.
    A son supplice qui s'apprête
    Toute la ferme se rendit.
Les agneaux de Mouflar demandèrent la grâce ;
Elle fut refusée. On leur fit prendre place :
    Les chiens se rangèrent près d'eux,
Tristes, humiliés, mornes, l'oreille basse,
Plaignant, sans l'excuser, leur frère malheureux.
Tout le monde attendait dans un profond silence.
Mouflar paraît bientôt, conduit par deux pasteurs ;
Il arrive, et, levant au ciel ses yeux en pleurs,
    Il harangue ainsi l'assistance :
« O vous qu'en ce moment je n'ose et je ne puis
Nommer, comme autrefois, mes frères, mes amis,
    Témoins de mon heure dernière,
    Voyez où peut conduire un coupable désir !
De la vertu quinze ans j'ai suivi la carrière,
    Un faux pas m'en a fait sortir.
Apprenez mes forfaits. Au lever de l'aurore,
Seul, auprès du grand bois je gardais le troupeau ;
    Un loup vient, emporte un agneau,
    Et tout en fuyant le dévore.
Je cours, j'atteins le loup, qui, laissant son festin,
    Vient m'attaquer : je le terrasse,
    Et je l'étrangle sur la place.
C'était bien jusque-là ; mais, pressé par la faim,
De l'agneau dévoré je regarde le reste ;
J'hésite, je balance... A la fin cependant,
    J'y porte une coupable dent :
Voilà de mes malheurs l'origine funeste.

La brebis vient dans cet instant,
Elle jette des cris de mère...
La tête m'a tourné, j'ai craint que la brebis
Ne m'accusât d'avoir assassiné son fils,
Et, pour la forcer à se taire,
Je l'égorge dans ma colère.
Le berger accourait, armé de son bâton.
N'espérant plus aucun pardon,
Je me jette sur lui : mais bientôt on m'enchaîne,
Et me voici prêt à subir
De mes crimes la juste peine.
Apprenez tous du moins, en me voyant mourir,
Que la plus légère injustice
Aux forfaits les plus grands peut conduire d'abord ;
t que dans le chemin du vice,
On est au fond du précipice,
Dès qu'on met un pied sur le bord. »

L'AUTEUR ET LES SOURIS

Un auteur se plaignait que ses meilleurs écrits
Étaient rongés par les souris ;
Il avait beau changer d'armoire,
Avoir tous les pièges à rats,
Et de bons chats,
Rien n'y faisait ; prose, vers, drame, histoire,
Tout était entamé ; les maudites souris
Ne respectaient pas plus un héros et sa gloire,
Ou le récit d'une victoire,

　　　　Qu'un petit bouquet à Chloris.
Notre homme au désespoir, et l'on peut bien m'en croire,
Pour y mettre un auteur peu de chose suffit,
Jette un peu d'arsenic au fond de l'écritoire ;
　　　Puis dans sa colère il écrit.
Comme il le prévoyait, les souris grignotèrent,
　　　　Et crevèrent.

C'est bien fait, direz-vous, cet auteur eut raison.
Je suis loin de le croire : il n'est point de volume
　　　Qu'on n'ait mordu, mauvais ou bon ;
　　　Et l'on déshonore sa plume
　　　En la trempant dans du poison.

L'AIGLE ET LE HIBOU

　　　L'oiseau qui porte le tonnerre,
Disgracié, banni du céleste séjour
　　　Par une cabale de cour,
　　　S'en vint habiter sur la terre :
Il errait dans les bois, songeant à son malheur,
　　　Triste, dégoûté de la vie,
　　　Malade de la maladie
　　　Que laisse après soi la grandeur.
　　　Un vieux hibou, du creux d'un hêtre,
　　L'entend gémir, se met à sa fenêtre,
Et lui prouve bientôt que la félicité
Consiste dans trois points : travail, paix et santé.
　　　L'aigle est touché de ce langage.

« Mon frère, répond-il (les aigles sont polis
Lorsqu'ils sont malheureux), que je vous trouve sage !
Combien votre raison, vos excellents avis,
M'inspirent le désir de vous voir davantage,
    De vous imiter, si je puis !
Minerve, en vous plaçant sur sa tête divine,
    Connaissait bien tout votre prix ;
    C'est avec elle, j'imagine,
    Que vous en avez tant appris. —
Non, répond le hibou, j'ai bien peu de science,
Mais je sais me suffire, et j'aime le silence,
L'obscurité surtout. Quand je vois des oiseaux
Se disputer entre eux la force, le courage,
Ou la beauté du chant, ou celle du plumage,
Je ne me mêle point parmi tant de rivaux,
    Et me tiens dans mon ermitage.
Si malheureusement le matin, dans le bois,
Quelque étourneau bavard, quelque méchante pie
M'aperçoit, aussitôt leurs glapissantes voix
Appellent de partout une troupe étourdie,
    Qui me poursuit et m'injurie :
Je souffre, je me tais ; et dans ce chamaillis,
    Seul, de sang-froid et sans colère,
M'esquivant doucement de taillis en taillis,
Je regagne à la fin ma retraite si chère.
Là, solitaire et libre, oubliant tous mes maux,
Je laisse les soucis, les craintes à la porte ;
Voilà tout mon savoir : *Je m'abstiens, je supporte;*
    La sagesse est dans ces deux mots. »

LE POISSON VOLANT

Certain poisson volant, mécontent de son sort,
    Disait à sa vieille grand'mère :
    « Je ne sais comment je dois faire
    Pour me préserver de la mort.
De nos aigles marins je redoute la serre
    Quand je m'élève dans les airs,
    Et les requins me font la guerre
    Quand je plonge au fond des mers. »
La vieille lui répond : « Mon enfant, dans ce monde,
    Lorsqu'on n'est pas aigle ou requin,
Il faut tout doucement suivre un petit chemin,
En nageant près de l'air et volant près de l'onde. »

FABLES CHOISIES

DE LAMOTTE

ET DE DIVERS AUTEURS

FABLES CHOISIES

DE LAMOTTE

LE BERGER ET LES ÉCHOS

On nous croirait gens à réflexion :
Mais nous disons beaucoup, et nous ne pensons guères ;
   Bien rarement de nos décisions
     Sommes-nous les propriétaires.
   Nous répétons de bouche ou par écrit
Ce que d'autres ont dit, et souvent après d'autres.
    Pure mémoire érigée en esprit ;
Jugements étrangers que nous donnons pour nôtres.
Un seul homme a jugé : bientôt mille jaseurs
Adoptent son avis comme loi souveraine ;
   Et ce torrent de rediseurs
    Grossit si fort, qu'il nous entraîne.
C'est trop s'abandonner à la pluralité,
   Race imbécile que nous sommes !
Ce n'est pas là que gît la vraie autorité.
    Pour garants de la vérité,
   Comptons les raisons, non les hommes.

Nommé par son hameau pour décider d'un prix,
Tityre, en un vallon bordé de mainte roche,
Rêvait seul, méditait un arrêt sans reproche.
 « Ciel, daigne m'instruire, et me dis
Lequel chante le mieux de Silvandre ou d'Atys, »
 S'écriait-il. L'écho, de proche en proche,
Cent fois répète : Atys. « Atys chante le mieux! »
Dit le berger surpris. Les échos de redire :
Le mieux, le mieux, le mieux. « C'est assez, dit Tityre :
 Ce suffrage est victorieux. »
Il retourne au hameau. Çà, dit-il, je puis rendre
Entre nos deux rivaux un jugement certain.
 Atys chante mieux que Silvandre.
Tout le dit d'une voix dans le vallon prochain. »

Nous décidons ainsi, crédules que nous sommes :
 Que d'échos comptés pour des hommes !

LA BREBIS ET LE BUISSON

Une brebis choisit, pour éviter l'orage,
Un buisson épineux qui lui tendait les bras.
 La brebis ne se mouilla pas ;
Mais sa laine y resta. La trouvez-vous bien sage ?

 Plaideur, commente ici mon sens.
Tu cours aux tribunaux pour rien, pour peu de chose.
Du temps, des frais, des soins ; puis tu gagnes ta cause.
 La gain valait-il les dépens ?

L'ENFANT ET LES NOISETTES

Un jeune enfant, je le tiens d'Épictète [1],
    Moitié gourmand et moitié sot,
    Mit un jour sa main dans un pot
Où logeait mainte figue avec mainte noisette.
Il en emplit sa main tant qu'elle en peut tenir,
Puis veut la retirer ; mais l'ouverture étroite
    Ne la laisse point revenir.
Il n'y sait que pleurer ; en plainte il se consomme ;
Il voulait tout avoir, et ne le pouvait pas.
    Quelqu'un lui dit (et je le dis à l'homme) :
N'en prends que la moitié, mon enfant ; tu l'auras.

LE FROMAGE

    Deux chats avaient pris un fromage,
Et tous deux à l'aubaine avaient un droit égal.
    Dispute entre eux pour le partage.
    Qui le fera ? nul n'est assez loyal.

[1] Philosophe stoïcien qui a vécu sous Néron.

Beaucoup de gourmandise et peu de conscience ;
Témoin leur propre fait, le fromage volé.
    Ils veulent donc qu'à l'audience
Dame Justice entre eux vide le démêlé.
Un singe, maître clerc du bailli du village,
    Et que pour lui-même on prenait
Quand il mettait parfois sa robe et son bonnet,
Parut à nos deux chats tout un aréopage.
Par-devant dom Bertrand le fromage est porté.
    Bertrand s'assied, prend la balance,
    Tousse, crache, impose silence,
    Fait deux parts avec gravité,
En charge les bassins, puis, cherchant l'équilibre :
    « Pesons, dit-il, d'un esprit libre,
D'une main circonspecte ; et vive l'équité !
Çà, celle-ci déjà me parait trop pesante. »
Il en mange un morceau. L'autre pèse à son tour.
Nouveau morceau mangé par raison du plus lourd.
Un des bassins n'a plus qu'une légère pente.
« Bon, nous voilà contents ; donnez, » disent les chats.
« Si vous êtes contents, Justice ne l'est pas,
    Leur dit Bertrand. Race ignorante,
    Croyez-vous donc qu'on se contente
De passer, comme vous, les choses au gros sas ? »
    Et, ce disant, monseigneur se tourmente
    A manger toujours l'excédent,
Par équité toujours donne son coup de dent ;
De scrupule en scrupule avançait le fromage.
    Nos plaideurs enfin, las des frais,
    Veulent le reste sans partage.
« Tout beau ! leur dit Bertrand ; soyez hors de procès ;

Mais le reste, Messieurs, m'appartient comme épice.
A nous autres aussi nous nous devons justice.
Allez en paix, et rendez grâce aux dieux. »

Le bailli n'eût pas jugé mieux.

LA MONTRE ET LE CADRAN

Un jour la montre au cadran insultait,
Demandant quelle heure il était.
« Je n'en sais rien, dit le greffier solaire[1]. —
Eh! que fais-tu donc là, si tu n'en sais pas plus? —
J'attends, répondit-il, que le soleil m'éclaire ;
Je ne sais rien que par Phébus. —
Attends-le donc ; moi je n'en ai que faire,
Dit la montre ; sans lui je vais toujours mon train.
Tous les huit jours un tour de main,
C'est autant qu'il m'en faut pour toute ma semaine.
Je chemine sans cesse, et ce n'est point en vain
Que mon aiguille en ce rond se promène.
Écoute, voilà l'heure. » Elle sonne à l'instant
Une, deux, trois et quatre. « Il en est tout autant, »
Dit-elle. Mais, tandis que la montre décide,
Phébus, de ses ardents regards
Chassant nuages et brouillards,
Regarde le cadran, qui, fidèle à son guide,
Marque quatre heures et trois quarts.

[1] Mauvaise expression.

« Mon enfant, dit-il à l'horloge,
Va-t-en te faire remonter.
Tu te vantes, sans hésiter,
De répondre à qui t'interroge :
Mais qui t'en croit peut bien se mécompter.
Je te conseillerais de suivre mon usage.
Si je ne vois bien clair, je dis : Je n'en sais rien.
Je parle peu, mais je dis bien. »

C'est le caractère du sage.

LES GOURMETS

Sur un vin frais cuvé le maître d'un logis
    Tenait conseil, interrogeait son monde ;
      La tasse courait à la ronde :
Il voulait que chacun en donnât son avis.
      L'un, le goûtant à vingt reprises,
      Très élégamment décidait
Qu'il était fait exprès pour les tables exquises :
Un autre, en l'avalant, opinait du godet.
Ce vin, tout d'une voix, vaut la liqueur suprême
    Dont les dieux s'enivrent là-haut :
      On eût défié Bacchus même
      D'y trouver le moindre défaut.
Arrivent deux gourmets, docteurs en l'art de boire,
Le marguillier Lucas et le syndic Grégoire ;
On leur en fait goûter. « Eh bien ! qu'en dites-vous ?
    Votre avis n'est-il pas le nôtre ? —

Il sent le fer, dit l'un. — Le cuir aussi, » dit l'autre,
Bon, dit-on, quelle idée ! et d'où viendraient ces goûts ?
Le bachique sénat les croit devenus fous.
On les raille à l'envi ; mais courte fut la joie ;
   L'événement vint les justifier.
On trouve, en le vidant, dans le fond du cuvier,
Une petite clef pendant à sa courroie ;
    Et railla bien qui railla le dernier.

Auteurs, à mille gens votre ouvrage a su plaire ;
On le dit excellent : ne vous y fiez pas.
   Maint défaut échappe au vulgaire,
   Qu'apercevront les délicats.

LES SACS DES DESTINÉES

  On n'est pas mieux dès qu'on veut être mieux.
Mécontent de son sort, sur les autres fortunes
Un homme promenait ses désirs et ses yeux,
   Et de cent plaintes importunes
   Tous les jours fatiguait les dieux.
  Par un beau jour, Jupiter le transporte
   Dans les célestes magasins
Où, dans autant de sacs scellés par les Destins,
Sont par ordre rangés tous les états que porte
   La condition des humains.
« Tiens, lui dit Jupiter, ton sort est en tes mains :
Contentons un mortel une fois en la vie ;
Tu n'en es pas trop digne, et ton murmure impie

Méritait mon courroux plutôt que mes bienfaits ;
Je n'y veux pas ici regarder de si près.
  Voilà toutes les destinées ;
 Pèse et choisis ; mais, pour régler ton choix,
  Sache que les plus fortunées
Pèsent le moins : les maux seuls font le poids. —
Grâce au seigneur Jupin, puisque je suis à même,
  notre homme, soyons heureux. »
Il prend le premier sac, le sac du rang suprême,
Cachant les soins cruels sous un état pompeux.
  « Oh ! oh ! dit-il, bien vigoureux
  Qui peut porter si lourde masse ;
Ce n'est mon fait. » Il en pèse un second,
  Le sac des grands, des gens en place :
Là gisent le travail et le penser profond,
L'ardeur de s'élever, la peur de la disgrâce,
Même les bons conseils, que le hasard confond.
  « Malheur à ceux que ce poids-ci regarde,
  Cria notre homme, et que le Ciel m'en garde !
A d'autres. » Il poursuit, prend et pèse toujours
Et mille et mille sacs, trouvés toujours trop lourds :
 Ceux-ci par les égards et la triste contrainte,
  Ceux-là par les vastes désirs,
  D'autres par l'envie ou la crainte,
Quelques-uns seulement par l'ennui des plaisirs.
« O ciel ! n'est-il donc point de fortune légère ?
  Disait déjà le chercheur mécontent ;
Mais quoi ! me plains-je à tort ? J'ai, je crois, mon affaire :
  Celle-ci ne pèse pas tant. —
  Elle pèserait moins encore,
Lui dit alors le dieu qui lui donnait le choix :

Mais tel en jouit qui l'ignore.
Cette ignorance en fait le poids. —
Je ne suis pas si sot, souffrez que je m'y tienne,
Dit l'homme. — Soit ; aussi bien c'est la tienne,
Dit Jupiter. Adieu ; mais, là-dessus,
Apprends à ne te plaindre plus. »

FABLES CHOISIES

DE DIVERS AUTEURS

LE MIROIR

Un miroir merveilleux et d'utile fabrique,
Où se peignait par art le naturel des gens,
Attirait, au milieu d'une place publique,
    Les regards de tous les passants.
J'ignore chez quel peuple ; il n'importe en quel temps.
Chacun glose à l'envi sur ce tableau fidèle.
Arrive une coquette ; elle y voit traits pour traits
Ses petits soins jaloux et ses penchants secrets :
« Sans mentir, voilà bien le portrait d'Isabelle !
Présomption, désirs, mépris d'autrui : c'est elle,
C'est son esprit tout pur, je la reconnais là.
    Le joli miroir que voilà !
Et combien je m'en vais humilier la belle ! »
    Un petit-maître succéda,
Et la glace aussitôt présente pour image
    Beaucoup d'orgueil et fort peu de raison.
« Parbleu ! je suis ravi que l'on ait peint Damon,
S'écrie, en se mirant, l'important personnage ;
    Et je voudrais que, pour devenir sage,

De ce miroir malin il prit quelque leçon. »
    Après ce fat vient un vieil harpagon
    D'une espèce tout à fait rare.
Il tire une lunette et se regarde bien ;
    Puis, ricanant d'un air bizarre :
« C'est Ariste, dit-il, ce vieux fou, cet avare
Qui se ferait fouetter pour accroître son bien ;
J'aurais un vrai plaisir à montrer sa lésine,
Et payerais de bon cœur cette glace divine,
    Si l'on me la donnait pour rien. »
Mille gens vicieux, sur les pas de cet homme,
Tour à tour firent voir la même bonne foi ;
Chacun d'eux reconnut dans le brillant fantôme,
    Qui l'un, qui l'autre, et jamais soi.

Tout homme est vain, tout homme aime à médire :
On rirait moins des traits de la satire,
Si la présomption, dont naquit le dédain,
    Entre eux et nous ne mettait le prochain.

AUBERT.

LES MÉTAMORPHOSES DU SINGE

Gille, histrion de foire, un jour, par aventure [1],
    Trouva sous sa patte un miroir ;
Mon singe, au même instant, de chercher à s'y voir.
« O le museau grotesque ! ô la plate figure !

---

[1] On peut rapprocher cette fable de celle que Fénelon a composée et intitulée *le Singe*.

S'écria-t-il ; que je suis laid !
Puissant maître des dieux, j'ose implorer tes grâces ;
　　Laisse-moi le lot des grimaces ;
Je te demande au reste un changement complet. »
Jupin l'entend et dit : « Je consens à la chose.
Regarde, es-tu content de ta métamorphose ? »
Le singe était déjà devenu perroquet.
Sous ce nouvel habit mon drôle s'examine,
Aime assez son plumage et beaucoup son caquet ;
Mais il n'a pas tout vu. « Peste ! la sotte mine
Que me donne Jupin ! le long bec que voilà !
J'ai trop mauvaise grâce avec ce bec énorme.
　　Donnez-moi vite une autre forme.
　　Par bonheur, en ce moment-là,
Le seigneur Jupiter était d'humeur à rire :
Il en fait donc un paon ; et cette fois le sire,
Promenant sur son corps des yeux émerveillés,
　　S'enfle, se pavane et s'admire :
　　Mais las ! il voit ses vilains pieds ;
　　Et mon impertinente bête
A Jupin derechef adresse une requête.
« Ma bonté, dit le dieu, commence à se lasser ;
Cependant j'ai trop fait pour rester en arrière,
Et vais de chaque état où tu viens de passer
　　Te conserver le caractère ;
　　Mais aussi plus d'autre prière ;
Que je n'entende plus ton babil importun. »
A ces mots, Jupiter lui donne un nouvel être.
　　Et qu'en fait-il ? Un petit-maître.
Depuis ce temps, dit-on, les quatre ne font qu'un.
　　　　　　　　　　　　LEBAILLY.

LA CHATAIGNE

« Que l'étude est chose maussade !
A quoi sert de tant travailler ? »
Disait, et non pas sans bâiller,
Un enfant que menait son maître en promenade.
Que répondait l'abbé ? Rien. L'enfant sous ses pas
Rencontre cependant une cosse fermée,
Et de dards menaçants de toutes parts armée.
Pour la prendre il étend le bras.
« Mon pauvre enfant, n'y touchez pas ! —
Eh ! pourquoi ? — Voyez-vous mainte épine cruelle
Toute prête à punir vos doigts trop imprudents ? —
Un fruit exquis, Monsieur, est caché là dedans. —
Sans se piquer peut-on l'en tirer ? — Bagatelle !
Vous voulez rire, je le crois.
Pour profiter d'une aussi bonne aubaine,
On peut bien prendre un peu de peine,
Et se faire piquer les doigts. —
Oui, mon fils ; mais, de plus, que cela vous enseigne
A vaincre les petits dégoûts
Qu'à présent l'étude a pour vous.
Ces épines aussi cachent une châtaigne. »

ARNAUD.

LE CHIEN ET LE CHAT

Pataud jouait avec Raton,
Mais sans gronder, sans mordre, en camarade, en frère.
Les chiens sont bonnes gens; mais les chats, nous dit-on,
    Sont justement tout le contraire.
    Aussi, bien qu'il jurât toujours
    D'avoir fait patte de velours,
Raton, et ce n'est pas une histoire apocryphe,
Dans la peau d'un ami, comme fait maint plaisant,
    Enfonçait, tout en s'amusant,
    Tantôt la dent, tantôt la griffe.
    Pareil jeu dut cesser bientôt :
    « Eh quoi! Pataud, tu fais la mine?
    Ne suis-je pas ton bon ami? —
Prends un nom qui convienne à ton humeur maligne,
    Raton, ne sois rien à demi.
    J'aime mieux un franc ennemi
    Qu'un bon ami qui m'égratigne. »

ARNAUD.

L'ABEILLE

Dans ses travaux suivons l'abeille :
Se laissant abuser par de vaines couleurs,

S'en va-t-elle au hasard sucer toutes les fleurs
   Dont l'aurore emplit sa corbeille?
Avide uniquement de sucs et de parfums,
Éléments généreux de son trésor céleste,
Sur l'humble serpolet, sur la sauge modeste,
   Sur les œillets les plus communs,
   Comme sur la plus belle rose
   Nous voyons qu'elle se repose ;
Nous voyons qu'elle cherche, au fond des verts bosquets,
   Et la mélisse et les bouquets
Que le buisson défend de son épine aiguë.
   Elle aime à les caresser : mais
   La vit-on s'arrêter jamais
   Sur les pavots ou la ciguë?
Profitez de l'exemple, apprentis beaux esprits,
De l'abeille prudente imitateurs fidèles,
   Pour produire de bons écrits,
   Nourrissez-vous de bons modèles.

ARNAUD.

LES VENTS ET LE NUAGE

   Un jour, dans les plaines de l'air,
   Soufflant avec la même rage,
L'impétueux Borée et l'orageux Auster
Bouleversaient les cieux, et la terre, et la mer :
   Ils se disputaient un nuage.
   Humains, ne vous en moquez pas,
   Convenez, pour être sincères,

Que les causes de vos débats
Sont quelquefois aussi légères.
Selon que l'un des vents soufflait plus ou moins fort,
Le nuage courait soit au sud, soit au nord;
Mais pour se le ravir, si l'on en croit l'histoire,
Nos lutteurs s'épuisaient en efforts superflus.
Avant que l'un des deux eût conquis la victoire,
Le nuage n'existait plus.
Amateurs de procès, j'ai tracé votre image;
Le cœur gonflé de fiel et de haine enflammé,
Vous plaidez pour un héritage :
Avant le jugement les frais l'ont consumé.

JAUFFRET.

LE TRÉSOR ET LES TROIS JEUNES HOMMES

Trois hommes (c'est bien peu pour en trouver un bon[1])
D'un trésor en commun firent la découverte.
En profitèrent-ils? l'histoire dit que non;
Ils ne sont pas les seuls dont l'or ait fait la perte.
A quoi sert un trésor sans Bacchus et Cérès?
Ces hommes eurent faim; à la ville prochaine
L'un des trois à repas va chercher les apprêts.
Pour ces gens-ci, dit-il, la mort serait certaine
Si je voulais. Alors les dieux savent combien
De l'un et l'autre lot j'augmenterais le mien,

[1] Voir plus bas la fable *le Dragon et les Renards*, par Fénelon.

Et je laisse échapper une pareille aubaine!
On peut juger qu'il n'en fit rien.
Quiconque pense au crime est près de s'y résoudre.
Sur un plat du festin il met certaine poudre
Qui devait envoyer nos trouveurs de trésors
Finir leur banquet chez les morts.
Pendant qu'en son esprit il supputait la somme,
Le couple de là-bas lui brassait même tour,
Et le même destin l'attendait au retour.
Il vient, on l'embrasse, on l'assomme;
L'endroit qui cachait l'or tient le forfait caché :
En place on enterre notre homme.
On divisa sa part avant d'avoir touché
Aux mets apportés par le traître;
Mais l'effet du poison ne tarda pas beaucoup.
La mort fit cette fois trois conquêtes d'un coup,
Et le trésor resta sans maître.

Charles NODIER.

LA NOUVEAUTÉ

Au bourg où règne la Folie,
Un jour la Nouveauté parut;
Aussitôt chacun accourut,
Chacun disait : « Qu'elle est jolie!

Ah! madame la Nouveauté,
Demeurez dans notre patrie;
Plus que l'esprit et la beauté
Vous y serez toujours chérie. »

Lors la déesse à tous ces fous
Répondit : « Messieurs, j'y demeure ; »
Et leur donna le rendez-vous
Le lendemain à la même heure.

Le lendemain elle parut,
Aussi brillante que la veille ;
Le premier qui la reconnut
S'écria : « Dieux, comme elle est vieille ! »
Hoffmann.

LE JEUNE AGNEAU

(CONTE D'ENFANT)

Il ne faut pas courir à travers les bruyères,
Enfant, ni sans congé vous hasarder au loin :
Vous êtes très petit, et vous avez besoin
Que l'on vous aide encore à dire vos prières.
Que feriez-vous aux champs, si vous étiez perdu ?
Si vous ne trouviez plus le sentier du village ?
On dirait : « Quoi ! si jeune ! il est mort ! c'est dommage. »
Vous crieriez... De si loin, seriez-vous entendu ?
Vos petits compagnons, à l'heure accoutumée,
Danseraient à la porte et chanteraient tout bas ;
Il faudrait leur répondre en la tenant fermée :
« Une mère est malade ; enfants, ne chantez pas ! »
Et vos cris rediraient : « O ma mère ! ô ma mère ! »
L'écho vous répondrait, l'écho vous ferait peur.

L'herbe humide et la nuit vous transiraient le cœur.
Vous n'auriez à manger que quelque plante amère ;
Point de lait ; point de lit !... Il faudrait donc mourir ?
J'en frissonne, et vraiment ce tableau fait frémir.
Embrassons-nous : je vais vous conter une histoire ;
Ma tendresse pour vous éveille ma mémoire.

Il était un berger veillant avec amour
Sur des agneaux chéris qui l'aimaient à leur tour :
Il les désaltérait dans une eau claire et saine,
Les baignait à la source et blanchissait leur laine ;
De serpolet, de thym, parfumait leur repas ;
Des plus faibles encor guidait les faibles pas ;
D'un ruisseau quelquefois permettait l'escalade.
Si l'un d'eux au retour traînait un pied malade,
Il était dans ses bras tout doucement porté,
Et, la nuit, sur son lit, dormait à son côté.
Réveillé le matin par l'aurore vermeille,
Il leur jouait des airs à captiver l'oreille ;
Plus tard, quand ils broutaient leur souper sous ses yeux,
Aux sons de sa musette, il les rendait joyeux.
Enfin il renfermait sa famille chérie
  Dedans la bergerie.
Quand l'ombre sur les champs jetait son manteau noir,
  Il leur disait : « Bonsoir,
Chers agneaux ; sans danger reposez tous ensemble ;
L'un par l'autre pressés, demeurez chaudement,
Jusqu'à ce qu'un beau jour se lève et nous rassemble ;

Sous la garde des chiens, dormez tranquillement. »
Les chiens rôdaient alors, et le pasteur sensible

Les revoyait heureux dans un rêve paisible.
Eh! ne l'étaient-ils pas? Tous bénissaient leur sort,
Excepté le plus jeune; hardi, malin, folâtre,
Des fleurs, du miel, des blés et des bois idolâtre,
Seul il jugeait tout bas que son maître avait tort.

Un jour, riant d'avance, et roulant sa chimère,
Ce petit fou d'agneau s'en vint droit à sa mère,
Sage et vieille brebis, soumise au bon pasteur :
« Mère, écoutez, dit-il : d'où vient qu'on nous enferme?
Les chiens ne le sont pas, et j'en prends de l'humeur.
Cette loi m'est trop dure, et j'y veux mettre un terme.
Je vais courir partout; j'y suis très résolu.
Le bois doit être beau pendant le clair de lune.
Oui, mère, dès ce soir, je veux tenter fortune :
Tant pis pour le pasteur, c'est lui qui l'a voulu. —
Demeurez, mon agneau, dit la mère attendrie,
Vous n'êtes qu'un enfant bon pour la bergerie,
Restez-y près de moi. Si vous voulez partir,
Hélas! j'ose pour vous prévoir un repentir. —
J'ose vous dire non, » cria le volontaire...
Un chien les obligea tous les deux à se taire.

Quand le soleil couchant au parc les rappela,
Et que par flots joyeux le troupeau s'écoula,
L'agneau sous une haie établit sa cachette.
Il avait finement détaché sa clochette.
Dès que le parc fut clos, il courut alentour;
Il jouait, gambadait, sautait à perdre haleine;
« Je voyage, dit-il, je suis libre à mon tour!
Je ris, je n'ai pas peur: la lune est claire et pleine;

Allons au bois, dansons, broutons ! » Mais, par malheur,
Des loups, pour leurs enfants, cherchaient alors curée.
Un peu de laine, hélas ! sanglante et déchirée,
Fut tout ce que le vent daigna rendre au pasteur.
Jugez comme il fut triste à l'aube renaissante !
Jugez comme on plaignait la mère gémissante !
« Quoi ! ce soir, cria-t-elle, on nous appellera,
Et ce soir... et jamais l'agneau ne répondra ! »
En l'appelant en vain, elle affligea l'aurore ;
Le soir elle mourut en l'appelant encore.

Mme DESBORDES-VALMORE.

LE PETIT MENTEUR

« Au loup ! au loup ! à moi ! » criait un jeune pâtre ;
Et les bergers entre eux suspendaient leurs discours.
Trompés par les clameurs du rustique folâtre,
Tout venait, jusqu'aux chiens, tout volait au secours.
Ayant de tant de cœurs éveillé le courage,
Tirant l'un du sommeil et l'autre de l'ouvrage,
Il se mettait à rire ; il se croyait bien fin :
« Je suis loup, » disait-il... Mais attendez la fin.

Un jour que les bergers, au fond de la vallée,
Appelant la gaieté sur leurs aigres pipeaux, [peaux,
Confondaient leurs repas, leurs chansons, leurs trou-
Et de leurs pieds joyeux pressaient l'herbe foulée :
« Au loup ! au loup ! à moi ! » dit le jeune garçon ;
« Au loup ! » répéta-t-il d'une voix lamentable.

Personne ne quitta la danse ni la table.
« Il est loup, dirent-ils; à d'autres la leçon. »

Et cependant le loup dévorait la plus belle
    De ses belles brebis.
Et pour punir l'enfant, qu'il traitait de rebelle,
Il lui montrait les dents et rompait ses habits;
Et le pauvre menteur, élevant ses prières,
Ne troublait que l'écho; ses cris n'amenaient rien:
Tout riait, tout dansait au loin sur les bruyères :
« Eh quoi! pas un ami, dit-il, pas même un chien! »

On ajoute, et vraiment c'est pitié de le croire,
Qu'il serrait la brebis dans ses deux bras tremblants.
Et quand il vint en pleurs raconter son histoire,
On vit que ses deux bras étaient nus et sanglants.
« Il ne ment pas, dit-on, il saigne, il tremble, il pleure!
Quoi! c'est donc vrai, Colas? (Il s'appelait Colas.)
    Nous avons bien ri, tout à l'heure,
Et la brebis est morte, elle est mangée!... Hélas! »

On le plaignit. Un rustre, insensible à ses larmes,
Lui dit : « Tu fus menteur, tu trompas notre effroi;
Or, s'il m'avait trompé, le menteur fût-il roi,
    Me crierait vainement : Aux armes ! »

                  Mme DESBORDES-VALMORE.

LE PARASITE CONGÉDIÉ

Du monde ayant mal fait l'étude,
Le chevalier de B*** contracta l'habitude
De dîner tous les jours dans la même maison,
Chez d'honnêtes bourgeois de moyenne fortune,
A la table desquels sa visite importune,
Au bout de quinze jours, devint hors de saison.
On le lui fit sentir autant qu'il fut possible,
    Sans cependant lui faire affront;
    Mais, conservant le même front,
A tous les quolibets se montrant insensible,
Chez ses amphitryons, seul ou devant témoins,
    Notre homme n'en dînait pas moins.
Suzon, tout à la fois honnête chambrière,
    Et gouvernante, et cuisinière,
Lui disait chaque jour avec son gros bon sens :
« Monsieur le chevalier, mes maîtres sont absents. —
C'est égal, répondait l'entêté parasite,
A leur petit Fanfan je vais rendre visite...
Et toi-même, Suzon, comment cela va-t-il?
Hein! pas trop mal, je crois... » Ou bien, adroit, subtil,
    Et sachant braver tout scrupule,
    Il disait dans son vil caquet :
« Je vais dans le salon parler au perroquet; »
Ou bien : « Je vais régler ma montre à la pendule. »
    Et la pauvre fille crédule,
N'osant pas trop d'ailleurs brusquer le chevalier,

De peur de se rendre blâmable,
Dans le salon feignait de l'oublier,
En attendant que l'on se mît à table.
Au maître enfin ce manège déplut ;
Il consigna l'intrigant à la porte,
Et sermonna Suzon de telle sorte,
Que quand, le lendemain, le dîneur accourut,
Suzon, qui le guettait, postée à sa fenêtre,
Lui cria dans la rue, en le voyant paraître :
« Monsieur le chevalier, retournez sur vos pas ;
Mes maîtres sont sortis, monsieur Fanfan sommeille,
Le perroquet est mort, je me porte à merveille,
Et la pendule ne va pas. »

Tiré de l'Abeille du Parnasse français,
par Sauger-Preneuf.

LE SANSONNET

Le commensal d'un savetier,
Jaune de bec, noir et gris de plumage,
Et sansonnet de son métier,
Servait de passe-temps à tout le voisinage.
Par un homme de qualité,
Qu'avait charmé son caquetage,
Le sansonnet fut acheté.
Il criait, il chantait, ne se sentait pas d'aise,
Et croyait chez un grand être mieux que chez Blaise ;
Mais il comptait sans Monseigneur.

Celui-ci, vu son haut parage,
Ne pouvant s'occuper des besoins du jaseur,
En donna la garde à son page :
Le page, tout entier aux plaisirs de son âge,
Remit sa tâche à l'écuyer,
L'écuyer au frotteur, le frotteur au portier,
Le portier à la valetaille,
Gent sans pitié, fainéante canaille,
S'embarrassant fort peu que notre sansonnet
Eût ou non ce qu'il lui fallait ;
Tellement que le pauvre hère
Manquait souvent du nécessaire.
Se souvenant alors de son premier état,
Il s'écriait : « Foin de l'éclat !
Hélas ! près de mon ancien maître
Rien ne manquait à mon bien-être ;
Il était seul pour me chérir,
Pour me soigner, pour me nourrir ;
J'avais de tout en abondance :
Sous son toit régnait l'indigence,
Il eût craint de m'en voir souffrir.
J'ai cent valets dans ce lieu magnifique,
Où j'espérais jouir du plus heureux destin,
Et cependant j'y meurs de faim !...
Ah ! que ne suis-je encore au fond de ma boutique ! »

Mon pauvre sansonnet, je suis de votre avis ;
Et je dis avec vous qu'un nombreux domestique
N'indique pas toujours les gens le mieux servis.

Gauldrée de Boilleau.

FABLES CHOISIES
DE FÉNELON

FABLES CHOISIES
DE FÉNELON

LE JEUNE BACCHUS ET LE FAUNE

Un jour, le jeune Bacchus, que Silène instruisait, cherchait les Muses dans un bocage dont le silence n'était troublé que par le bruit des fontaines et par le chant des oiseaux. Le soleil n'en pouvait, avec ses rayons, percer la sombre verdure. L'enfant de Sémélé, pour étudier la langue des dieux, s'assit dans un coin, au pied d'un vieux chêne du tronc duquel plusieurs hommes de l'âge d'or étaient nés; il avait même autrefois rendu des oracles, et le Temps n'avait osé l'abattre de sa tranchante faux. Auprès de ce chêne sacré et antique se cachait un jeune Faune, qui prêtait l'oreille aux vers que chantait l'enfant, et qui marquait à Silène, par un ris moqueur, toutes les fautes que faisait son disciple. Aussitôt les Naïades et les autres Nymphes du bois souriaient aussi. Le critique était jeune, gracieux et folâtre ; sa tête était couronnée de lierre et de pampre ; ses tempes étaient ornées de grappes de raisin ; de son épaule gauche pendait sur son côté droit, en écharpe, un feston de lierre ; et le jeune Bacchus se plaisait à voir ces feuilles consacrées à sa divinité. Le Faune était enveloppé, au-dessous de la ceinture, par la dépouille affreuse et hérissée d'une jeune lionne qu'il avait tuée dans les forêts. Il tenait dans sa main une houlette courbée et noueuse. Sa queue paraissait derrière, comme se jouant sur son dos. Mais comme Bacchus ne pouvait souffrir un rieur malin toujours prêt à se moquer de ses expressions, si elles n'étaient pures et élégantes, il lui dit d'un ton fier et impatient : « Comment oses-tu te moquer du fils de Jupiter ? » Le Faune répondit sans s'émouvoir : « Hé ! comment le fils de Jupiter ose-t-il faire quelque faute ? »

LE DRAGON ET LES RENARDS

Un dragon gardait un trésor dans une profonde caverne; il veillait jour et nuit pour le conserver. Deux renards, grands fourbes et grands voleurs de leur métier, s'insinuèrent auprès de lui par leurs flatteries. Ils devinrent ses confidents. Les gens les plus complaisants et les plus empressés ne sont pas les plus sûrs. Ils le traitaient de grand personnage, admiraient toutes ses fantaisies, étaient toujours de son avis, et se moquaient entre eux de leur dupe. Enfin il s'endormit un jour au milieu d'eux; ils l'étranglèrent et s'emparèrent du trésor. Il fallait le partager entre eux : c'était une affaire bien difficile, car deux scélérats ne s'accordent que pour faire le mal. L'un d'eux se mit à moraliser : « A quoi, disait-il, nous servira tout cet argent? Un peu de chasse nous vaudrait mieux : on ne mange point du métal; les pistoles sont de mauvaise digestion. Les hommes sont des fous d'aimer tant de fausses richesses : ne soyons pas aussi insensés qu'eux. » L'autre fit semblant d'être touché de ses réflexions, et assura qu'il voulait vivre en philosophe comme Bias, portant tout son bien sur lui. Chacun fait semblant de quitter le trésor; mais ils se dressèrent des embûches et s'entre-déchirèrent. L'un d'eux, en mourant, dit à l'autre, qui était aussi blessé que lui : « Que voulais-tu faire de cet argent? — La même chose que tu voulais en faire, » répondit l'autre. Un homme passant apprit leur aventure et les trouva bien fous. « Vous ne l'êtes pas moins que nous, lui dit un des renards. Vous ne sauriez, non plus que nous, vous nourrir d'argent, et vous vous tuez pour en avoir. Du moins, notre race jusqu'ici a été assez sage pour ne mettre en usage aucune monnaie. Ce que vous avez introduit chez vous pour la commodité fait votre malheur. Vous perdez les vrais biens, pour chercher les biens imaginaires. »

LES DEUX RENARDS

Deux renards entrèrent la nuit, par surprise, dans un poulailler ; ils étranglèrent le coq, les poules et les poulets : après ce carnage ils apaisèrent leur faim. L'un, qui était jeune et ardent, voulait tout dévorer ; l'autre, qui était vieux et avare, voulait garder quelque provision pour l'avenir. Le vieux disait : « Mon enfant, l'expérience m'a rendu sage ; j'ai vu bien des choses depuis que je suis au monde. Ne mangeons pas tout notre bien en un seul jour. Nous avons fait fortune ; c'est un trésor que nous avons trouvé, il faut le ménager. » Le jeune répondait : « Je veux tout manger pendant que j'y suis et me rassasier pour huit jours, car pour ce qui est de revenir ici, chansons, il n'y fera pas bon demain ; le maître, pour venger la mort de ses poules, nous assommerait. » Après cette conversation, chacun prend son parti. Le jeune mange tant qu'il se crève, et peut à peine aller mourir dans son terrier. Le vieux, qui se croit bien plus sage de modérer ses appétits et de vivre d'économie, veut, le lendemain, retourner à sa proie et est assommé par le maître. Ainsi chaque âge a ses défauts : les jeunes gens sont fougueux et insatiables dans leurs plaisirs ; les vieux sont incorrigibles dans leur avarice.

LE CHAT ET LES LAPINS

Un chat, qui faisait le modeste, était entré dans une garenne peuplée de lapins. Aussitôt toute la république alarmée ne songea qu'à s'enfoncer dans les trous. Comme le nouveau venu était au guet auprès d'un terrier, les députés de la nation lapine, qui avaient vu ses terribles griffes, comparurent dans l'endroit le plus étroit de l'entrée du terrier pour lui demander ce qu'il prétendait. Il protesta, d'une voix douce, qu'il voulait seulement étudier les mœurs de la nation; qu'en qualité de philosophe il allait dans tous les pays pour s'informer des coutumes de chaque espèce d'animaux. Les députés, simples et crédules, retournèrent dire à leurs frères que cet étranger, si vénérable par son maintien modeste et par sa majestueuse fourrure, était un philosophe sobre, désintéressé, pacifique, qui voulait seulement rechercher la sagesse de pays en pays; qu'il venait de beaucoup d'autres lieux, où il avait vu de grandes merveilles ; qu'il y aurait bien du plaisir à l'entendre, et qu'il n'avait garde de croquer les lapins, puisqu'il croyait en bon bramin à la métempsycose, et ne mangeait d'aucun aliment qui eût eu vie. Ce beau discours toucha l'assemblée. En vain un vieux lapin rusé, qui était le docteur de la troupe, représenta combien ce grave philosophe lui était suspect ; malgré lui on va saluer le bramin, qui étrangla du premier salut sept ou huit de ces pauvres gens. Les autres regagnèrent leurs trous, bien effrayés et bien honteux de leur faute. Alors dom Mitis revint à l'entrée du terrier, leur protestant, d'un ton plein de cordialité, qu'il n'avait fait ce meurtre que malgré lui, pour son pressant besoin ; que désormais il vivrait d'autres animaux, et ferait avec eux une alliance éternelle. Aussitôt les lapins entrèrent en négociation avec lui, sans se mettre néanmoins à la portée de ses griffes. La négociation dure ; on l'amuse. Cependant un lapin des plus agiles sort par les derrières du terrier, et va avertir un berger voisin, qui aimait à prendre dans un lacs de ces lapins nourris de genièvre. Le berger, irrité contre ce chat exterminateur d'un peuple si utile, accourt au terrier avec un arc et des flèches : il aperçoit le chat, qui n'était attentif qu'à sa proie; il le perce d'une de ses flèches, et le chat expirant dit ces dernières paroles : « Quand on a une fois trompé, on ne peut plus être cru de personne; on est haï, craint, détesté, et on est enfin attrapé par ses propres finesses. »

LE SINGE

Un vieux singe malin étant mort, son ombre descendit dans la sombre demeure de Pluton, où elle demanda à retourner parmi les vivants. Pluton voulait la renvoyer dans le corps d'un âne pesant et stupide, pour lui ôter sa souplesse, sa vivacité et sa malice; mais elle fit tant de tours plaisants et badins, que l'inflexible roi des enfers ne put s'empêcher de rire et lui laissa le choix d'une condition. Elle demanda à entrer dans le corps d'un perroquet. Au moins, disait-elle, je conserverai par là quelque ressemblance avec les hommes, que j'ai longtemps imités. Étant singe, je faisais des gestes comme eux, et, étant perroquet, je parlerai avec eux dans les plus agréables conversations. A peine l'âme du singe fut-elle introduite dans ce nouveau métier, qu'une vieille femme causeuse l'acheta. Il fit ses délices, elle le mit dans une belle cage. Il faisait bonne chère et discourait toute la journée avec la vieille radoteuse, qui ne parlait pas plus sensément que lui. Il joignait à son nouveau talent d'étourdir tout le monde je ne sais

quoi de son ancienne profession : il remuait sa
tête ridiculement; il faisait craquer son bec; il
agitait ses ailes de cent façons, et faisait de ses
pattes plusieurs tours qui ressentaient encore les
grimaces de Fagotin. La vieille prenait à toute
heure ses lunettes pour l'admirer. Elle était bien
fâchée d'être un peu sourde, et de perdre quelquefois des paroles de son perroquet, à qui elle
trouvait plus d'esprit qu'à personne. Ce perroquet gâté devint bavard, importun et fou. Il se
tourmenta si fort dans sa cage et but tant de vin
avec la vieille, qu'il en mourut. Le voilà revenu
chez Pluton, qui voulut cette fois le faire passer
dans le corps d'un poisson pour le rendre muet;
mais il fit encore une farce devant le roi des
Ombres, et les princes ne résistent guère aux
demandes des mauvais plaisants qui les flattent.
Pluton accorda donc à celui-ci qu'il irait dans le
corps d'un homme. Mais comme le dieu eut
honte de l'envoyer dans le corps d'un homme
sage et vertueux, il le destina au corps d'un
harangueur ennuyeux et importun, qui men-
tait, qui se vantait sans cesse, qui faisait des
gestes ridicules, qui se moquait de tout le
monde, qui interrompait toutes les conversations les plus polies et les plus solides pour dire

des riens ou les sottises les plus grossières. Mercure, qui le reconnut dans ce nouvel état, lui dit en riant : « Ho! ho! je te reconnais; tu n'es qu'un composé du singe et du perroquet que j'ai vus autrefois. Qui t'ôterait tes gestes et tes paroles apprises par cœur et sans jugement ne laisserait rien de toi. D'un joli singe et d'un bon perroquet, on n'en fait qu'un sot. » Oh! combien d'hommes dans le monde, avec des gestes façonnés, un petit caquet et un air capable, n'ont ni sens ni conduite!

FIN

TABLE

Notice sur Florian 7

FABLES CHOISIES DE FLORIAN

La Fable et la Vérité. 9
Le Bœuf, le Cheval et l'Ane. 10
Les deux Voyageurs. 11
La Carpe et les Carpillons. 12
Le Calife. 13
La Mort 15
Les deux Jardiniers 16
Le Chien et le Chat 18
Le Lierre et le Thym. . . . . Ibid.
Le Chat et la Lunette. 19
Le jeune Homme et le Vieillard. 21
La Taupe et les Lapins. . . . . Ibid.
Le Rossignol et le Prince 23
L'Aveugle et le Paralytique. 24
La Mère, l'Enfant et les Sarigues. 25
Le vieux Arbre et le Jardinier. 27
La Brebis et le Chien. 28
Le Troupeau de Colas. 29
Le Bouvreuil et le Corbeau. 30

Le Singe qui montre la Lanterne magique	31
L'Enfant et le Miroir	33
Le Cheval et le Poulain	34
Le Grillon	36
Le Château de cartes	37
Le Phénix	38
L'Éducation du Lion	40
Le Danseur de corde et le Balancier	43
La jeune Poule et le vieux Renard	44
Le Chat et le Moineau	46
Le Roi de Perse	47
Le Linot	Ibid.
L'Inondation	49
Le Sanglier et le Rossignol	51
Le Rhinocéros et le Dromadaire	53
Le Paon, les deux Oisons et le Plongeon	54
Le Hibou, le Chat, l'Oison et le Rat	Ibid.
Le Parricide	56
Le Perroquet confiant	57
Le Lion et le Léopard	58
L'Écureuil, le Chien et le Renard	59
Le Perroquet	61
L'Habit d'Arlequin	62
La Vipère et la Sangsue	63
Le Pacha et le Dervis	64
Le Laboureur de Castille	65
La Fauvette et le Rossignol	68
L'Avare et son Fils	69
La Guenon, le Singe et la Noix	70
Le Lapin et la Sarcelle	71
Pan et la Fortune	74
Les deux Chauves	75
Le Chat et les Rats	76
Le Miroir de la Vérité	77
Les deux Paysans et le Nuage	78
Le Coq fanfaron	79
Le Berger et le Rossignol	80

Les deux Lions.	82
Le Procès des deux Renards.	83
L'Ane et la Flûte.	85
Jupiter et Minos.	86
Le Petit Chien.	87
Le Léopard et l'Écureuil.	88
La Chenille.	89
La Sauterelle.	90
La Guêpe et l'Abeille.	92
Le Chien coupable.	93
L'Auteur et les Souris.	95
L'Aigle et le Hibou.	96
Le Poisson volant.	98

FABLES CHOISIES DE LAMOTTE

Le Berger et les Échos.	101
La Brebis et le Buisson.	102
L'Enfant et les Noisettes.	103
Le Fromage	Ibid.
La Montre et le Cadran.	105
Les Gourmets.	106
Les Sacs des destinées.	107

FABLES CHOISIES DE DIVERS AUTEURS

Le Miroir (AUBERT).	111
Les Métamorphoses du Singe (LEBAILLY).	112
La Châtaigne (ARNAUD).	114
Le Chien et le Chat (ARNAUD).	115
L'Abeille (ARNAUD).	Ibid.
Les Vents et le Nuage (JAUFFRET).	116
Le Trésor et les trois jeunes Hommes (Charles NODIER).	117
La Nouveauté (HOFFMANN).	118

Le jeune Agneau (Mme Desbordes-Valmore). 119
Le petit Menteur (Mme Desbordes-Valmore). 122
Le Parasite congédié. 124
Le Sansonnet (Gauldrée de Boilleau). . . . . . . *Ibid.*

FABLES CHOISIES DE FÉNELON

Le jeune Bacchus et le Faune. 129
Le Dragon et les Renards. 131
Les deux Renards. 133
Le Chat et les Lapins 135
Le Singe. 138

BIBLIOTHÈQUE DE LA JEUNESSE CHRÉTIENNE. — 4ᵉ SÉRIE

A qui la faute ?
Aventures (les) du cousin Jacques, par Just Girard.
Bailli de Suffren (le).
Billet de loterie (le).
Ce que disent les champs.
Château des Ravenelles (le).
Chévert, lieutenant général des armées du roi.
Cloche cassée (la).
Contes arabes (1ʳᵉ partie), par Raoul Chotard.
Contes arabes (2ᵉ partie), par le même.
Contes arabes (3ᵉ partie), par le même.
Curé d'Ars (le).
Dette du bon Dieu (la), par Marie Guerrier de Haupt.
Écolier vertueux (l').
Edmond, ou les Tribulations d'un menteur.
Éleveur d'abeilles (l').
Élise et Céline.
Eustache Lesueur, par Roy.
Fables choisies de Florian.
Forgeron des Chaumettes (le), par Mᵐᵉ Madeleine Prabonneaud.
Général Drouot (le), par le général Ambert.
Hélène, par Mᵐᵉ Grandsard.
Histoire d'un orphelin.
Jeunesse de Salvator Rosa (la).
Joies du foyer (les).
Laurent et Jérôme, ou les Deux jeunes Poètes.
Lisbeth, par Mᵐᵉ M. Prabonneaud.
Madame Élisabeth, sœur de Louis XVI, par Roy.
Madone de la forêt (la), par M. Muller.
Malheurs d'un bachelier (les).
Maréchal Fabert (le).
Mon Premier Coup de fusil.
Marie-Sainte Trégonnec, par Mᵐᵉ Des Prez de la Ville-Tual.
M. Gendrel, ou le Travail c'est la santé, par Ét. Gervais.
Nelly, ou la Fille du médecin, par A.-E. de l'Étoile.
Passeur de Marmoutier (le).
Percheron fils, par C. Dubois.
Périne, par M.-A. de T***.
Petit Homme noir (le).
Petit Pinson, par Marthe Bertin.
Pierre Chauvelot, par Just Girard.
Pierre Reboul, par Théophile Ménard.
Plume et Charrue, par Mᵐᵉ M. Prabonneaud.
Prix de lecture (le), par Marie-Ange de T***.
Récréations de l'enfance (les), par Mˡˡᵉ Anna Derlège.
Reine et Paysanne.
Sabotier de Marly (le), par J. Girard.
Secret de Madeleine (le).
Soldats français (1ʳᵉ partie), par le général Ambert.
Soldats français (2ᵉ partie), par le même.
Souvenirs de charité, par M. le comte de Falloux.
Souvenirs de Mᵐᵉ de Pontalby.
Souvenirs d'une Clef, par Édouard de Lalaing.
Tante Merveille, par Mᵐᵉ M. Prabonneaud.
Trois Jours de la vie d'une reine, par X. Marmier.
Turenne (histoire de), par l'abbé Raguenet.
Une Heure instructive, par Mˡˡᵉ M. O'Kennedy.
Un Mois à la mer, par Louis de Kéraoul.

www.ingramcontent.com/pod-product-compliance
Lightning Source LLC
Chambersburg PA
CBHW060136100426
42744CB00007B/805